Hogejaku: de Japanse kunst van het loslaten

Shunmyo Masuno bij Boekerij:

Zen & de Japanse kunst van eenvoudig leven
Zen & de Japanse kunst van zorgeloos leven
Hogejaku: de Japanse kunst van het loslaten

boekerij.nl

Shunmyo Masuno

Hogejaku:

de Japanse kunst van het loslaten

Gun jezelf ruimte voor wat er echt toe doet

Vertaald door Elisabeth van Borselen

BOEKERIJ

Eerste druk maart 2025
Vijfde druk juli 2025

ISBN 978-90-492-0581-2
ISBN 978-94-023-2529-4 (e-book)
NUR 770

Oorspronkelijke titel: *Houtte oku chikara*
Engelse titel: *How to Let Things Go*
Vertaling: Elisabeth van Borselen
Omslagontwerp: Pinta Grafische Producties
Omslagbeeld: © Zanna & Harry Goldhawk
Vormgeving binnenwerk: Steven Boland

This edition published by arrangement with Penguin Life, an imprint of Penguin Publishing Group, a division of Penguin Random House LLC.

Inhoud

DEEL 2

Maak je geen zorgen over elk klein dingetje

Hoe je je bevrijdt van stress, ongeduld en woede

DEEL 3

Reageer beheerst

Manieren waardoor je energie blijft houden

DEEL 4

Verspil je energie niet

Manieren waarop je voorkomt dat je het jezelf moeilijker maakt

DEEL 5

Zie niet alles zwart-wit

Aanwijzingen voor een prettig leven

Voorwoord

Degenen die de kracht hebben om dingen los te laten zijn niet overgeleverd aan de willekeur van hun relaties.

Ze voelen zich niet gedwongen om constant contact te hebben op social media, dus ze volgen hun vrienden niet dag en nacht en ze raken ook niet verwikkeld in geroddel.

Ze weten dat het bij vriendschap draait om de kwaliteit en niet de kwantiteit. Ze zijn goed in het negeren van meningen en handelingen van mensen die ze niet eens kennen.

Degenen die de kracht hebben om dingen los te laten zijn in staat om afleidingen op het werk te negeren.

Ze laten zich niet gemakkelijk beïnvloeden door anderen, dus ze maken zich niet overdreven druk over het oordeel van hun collega's. Ook laten ze zich niet leiden door nutteloze of onnodige informatie.

Ze denken na over hoe ze zich tot bepaalde dingen verhouden en nemen dan een besluit en handelen. Ze zijn goed in het blokkeren van overbodige informatie en invloeden van buitenaf, zoals wat andere mensen zeggen of doen.

Degenen die de kracht hebben om dingen los te laten brengen hun dagen relatief rustig door.

Ze worden niet gehinderd door spijt en ze besteden hun tijd ook niet aan zich zorgen maken over dingen die nog moeten gebeuren. Ze kwellen zichzelf niet. Ze zijn goed in het loslaten van dingen die buiten hun macht liggen, die onvermijdelijk zijn, die in het verleden liggen.

Ze weten wat ze moeten loslaten.

Door dit te doen krijgen ze een heldere geest en een helder hart, waardoor ze in staat zijn zich te concentreren op wat belangrijk is. Door complicaties zo klein mogelijk te maken, zijn ze vrij om hun beste leven te leiden, comfortabel en in goede gezondheid. Er zijn zo veel dingen in deze wereld waarover we geen controle hebben. Andere mensen, het verleden, de toekomst… Laat al deze dingen los. In plaats van toe te staan dat ze onze gedachten in beslag nemen en onze energie opslurpen, is het beter om onze moeite te steken in wat we nú kunnen bereiken.

De zenuitdrukking *hogejaku* betekent 'laat alles los'. Zoals de uitdrukking laat zien is een leven waarin je in staat bent los te laten, een zenleven.

Net als bij alles in het leven zijn er op het werk of in relaties uiteraard dingen die je niet los kunt laten. Hoe maak je onderscheid tussen wat je moet laten gaan en wat niet? Ik zal dit allemaal in dit boek bespreken.

Ik hoop van harte dat dit boek je zal leren om dingen los te laten en hoe je je beste leven kunt leiden, comfortabel en in goede gezondheid.

Gassho
Shunmyo Masuno

DEEL I

RAAK NIET TE ZEER BETROKKEN

Wees afstandelijker in je relaties

I

LAAT DINGEN LOS EN JE LEVEN ZAL BETER WORDEN

Een zeer belangrijke vaardigheid in het leven

Nu is het tijd om te beslissen wat je loslaat.

Je denkt misschien dat 'dingen loslaten' een negatieve bijklank heeft.

Je geeft halverwege iets op, je laat iets onafgemaakt, je negeert een bepaald onrecht, je volgt iets niet op... Zijn het niet deze dingen die geassocieerd worden met loslaten? Ze suggereren allemaal een zekere onverantwoordelijkheid.

Daar zit absoluut een kern van waarheid in. In de hiervoor genoemde voorbeelden moet ik toegeven dat 'dingen loslaten' niet positief lijkt.

Maar in deze wereld zijn er veel dingen die je maar beter kunt loslaten. Vooral nu, in een tijd waarin we constant worden overspoeld met informatie en waarin social media van onze relaties iets hebben gemaakt wat dag én nacht aandacht nodig heeft, is het onmogelijk om overal op te reageren.

Juist daardoor is het nog belangrijker om te leren hoe je dingen loslaat. Je kunt het beschouwen als een vaardigheid om te overleven.

Meer dan ooit tevoren is het nu zeer belangrijk om onderscheid te kunnen maken tussen waar we aan moeten vasthouden en wat we moeten laten gaan, om zo een vol leven te kunnen leiden.

2

LAAT MENSEN MET RUST

Deze vaardigheid is essentieel voor relaties

De grens tussen interesse tonen en bemoeizucht is erg vaag.

Hoe reageer je als iemand ergens mee zit? Mensen doen vaak een van de volgende twee dingen.

De eerste manier is dat ze iets zeggen om de ander op te vrolijken.

De andere is niets zeggen, niets doen en de persoon met rust laten.

Er is geen juiste manier van reageren. Ik wil alleen maar zeggen dat de eerste manier vaak wordt beschouwd als bemoeizuchtig terwijl de tweede wordt gezien als attent.

Als iemand zich ergens zorgen over maakt, heeft hij vaak wat tijd nodig om zich zorgen te maken... in zijn eentje. De ander is gewoon niet in de stemming om te horen dat ze dit of dat moet doen. Ook wil ze niet worden aangemoedigd om weer vrolijk te zijn. Zelfs iemand uitnodigen om wat te gaan drinken om 'de gedachten te verzetten' wordt niet gewaardeerd. Met de reacties van anderen omgaan kan moeilijk zijn. Dat is vaak een hele opgave.

Denk je eens in hoe jij je zou voelen als jij je in die situatie bevond, als jij degene was die zich ergens zorgen over maakte. Zou je niet liever even met rust willen worden gelaten totdat je de kans hebt gehad om te kalmeren?

3

HET IS ONMOGELIJK OM ANDEREN TE VERANDEREN

De enige over wie je controle hebt, ben jij

Eerst moet jij veranderen.

'Mijn man legt dingen nooit terug op de plek waar ze horen. Ook laat hij zijn sokken overal slingeren. Hij steekt geen vinger uit om zijn spullen op te ruimen. Na al die jaren huwelijk is hij nog steeds onverbeterlijk. Het maakt niet uit hoe vaak ik hem vraag iets op te ruimen!'

Ik hoor dit soort opmerkingen soms van mensen die getrouwd zijn, waarbij het moeilijk te zeggen is of ze zich daadwerkelijk zorgen maken of dat ze gewoon klagen.

Meestal reageer ik ongeveer zo:

'Ik bewonder je volharding, maar je zult nooit in staat zijn om je partner te veranderen. Je zult je zoveel rustiger voelen als je hem gewoon accepteert zoals hij is.'

Je zorgen maken over dit soort kleine dingen maakt je leven veel zwaarder. Of het nu om kleine of grote dingen gaat, er zijn maar zelden momenten waarop dingen precies zo gaan als jij wilt. Anders gezegd: de enige keer dat je krijgt wat je wilt is waarschijnlijk als het met jezelf te maken heeft.

Het is tijd om anderen over wie je geen macht hebt los te laten. Het is beter om je te richten op hoe jij kunt veranderen zodat dingen soepeler voor je gaan verlopen. Wanneer je verandert, bestaat er altijd de kans dat het gedrag van anderen verbetert en dingen gemakkelijker gaan.

4

ALS MENSEN SLECHTS DE HELFT VAN JE KENNEN, IS DAT PRIMA

Nou, zelfs dertig of veertig procent is al genoeg

Het is beter om een praktischer kijk op dingen te hebben.

Steeds meer mensen lijken wanhopig graag te willen dat anderen alles over hen weten. Een kenmerk hiervan is hun behoefte om elk detail van hun leven op social media te zetten.

Een variant hierop is mensen die onophoudelijk berichten plaatsen voor hun vrienden en reageren op elk ding dat anderen doen, hoewel ze het merendeel van hun vrienden nog nooit hebben ontmoet in het echte leven. Het komt op mij over alsof deze voortdurende communicatie de boodschap 'Besteed aandacht aan mij, hier, nu, overal; begrijp me!' overbrengt.

Het is niet mijn bedoeling om zulke oprechte gevoelens te ontmoedigen, maar niemand zal ooit alles over jou begrijpen. Je zult je vrienden ook nooit helemaal kennen.

Realistisch gezien heb je geluk als je een paar vrienden hebt met wie je ongeveer de helft deelt van wat er over elkaar te weten valt. We zouden zelfs dankbaar moeten zijn voor een band waarbij we de ander maar voor dertig of veertig procent kennen. Een hechte relatie met een groot aantal mensen – en de behoefte eraan op zich – is een illusie.

5

ZE ZIJN JE FAMILIE, MAAR ZE ZIJN ANDERS DAN JIJ

Ervan uitgaan dat ze je begrijpen is dom

Het belangrijkste is om respect te hebben voor elkaars manier van leven.

Er wordt gezegd dat bloedbanden zeer hecht zijn. Dus het kan heel goed zijn dat de band die je met je bloedverwanten hebt sterker is dan die met andere mensen.

Het betekent echter niet dat doordat je familie van elkaar bent, er automatisch begrip bestaat tussen jou en je familie. Familieleden zijn nog steeds allemaal uniek, ieder met een eigen persoonlijkheid, smaak, waarden en meningen, dus perfecte harmonie tussen familieleden is onmogelijk. Hoe meer je ernaar streeft, hoe onbereikbaarder het wordt.

Het belangrijkste is dat je onthoudt dat je familieleden verwant aan je zijn, maar dat ze niet hetzelfde zijn als jij. Je moet wederzijds respect hebben voor elkaars levensstijl. Je moet hen met geduld tegemoet treden en hun meningen erkennen, en niet de jouwe aan hen opdringen.

Het ergste wat je kunt doen is iemand in je familie zomaar afwijzen als diegene handelt op een manier die jij niet begrijpt. Dit gebeurt als je handelt vanuit de aanname dat omdat je familie van elkaar bent, je elkaar altijd zult begrijpen. Er is niets mis met advies geven. Vergeet alleen niet dat je familieleden anders zijn dan jij.

6

ALS JE IETS NIET BEGRIJPT, LAAT HET DAN LOS

Het geheim voor een gelukkig huwelijk

Er zullen momenten zijn waarop je elkaar niet begrijpt, en dat geeft niet.

De toegenomen populariteit van de term 'grijze scheiding' kan je het idee geven dat de band tussen partners zich niet altijd automatisch verdiept, ook al is een stel jarenlang samen.

Het spreekt vanzelf dat zelfs getrouwde stellen elkaar niet perfect begrijpen. Als je elkaar de helft van de tijd begrijpt, gaan dingen waarschijnlijk goed.

Voordat mensen aan een relatie beginnen, brengen ze heel wat jaren als single door. Zelfs als mensen uit dezelfde streek komen, of eenzelfde gezinsachtergrond of dezelfde interesses hebben, kan het een behoorlijke uitdaging zijn voor een stel om elkaar te begrijpen.

Dus wat kunnen we doen om zelfs maar enigszins een band met de ander te krijgen? Als je weet wat de ander leuk vindt of waardeert, of wat zijn of haar hobby's zijn, kun je proberen je daarvoor te interesseren.

Maak je, terwijl je dit doet, niet te veel zorgen over de kanten van iemand die je moeilijk kunt begrijpen; laat die gewoon met rust. De truc om een scheiding op middelbare leeftijd te vermijden is niet alles begrijpen van je partner, maar dat je slechts een paar extra dingen vindt die jullie beiden op een dieper niveau met elkaar kunnen delen.

7

HET IS NIET ERG OM AFSTANDELIJK TE ZIJN OP HET WERK

Zorg ervoor dat je niet te betrokken raakt

Laat werkrelaties op het werk.

Werkrelaties kunnen diep gaan.

Gezellig met elkaar omgaan kan variëren van halfjaarlijkse en jaarlijkse personeelsfeestjes tot dagen op de hei en teambuildingsuitjes. Het zijn allemaal bijeenkomsten waarbij de gesprekken tijdens de borrel de neiging hebben om in de privésfeer te belanden...

Vriendschappen op het werk kunnen zeer waardevol zijn. Er bestaat niet voor niets een gezegde over 'rijst uit dezelfde pan eten', want door dat samen te doen ontstaat er een gevoel van solidariteit.

Maar je werkrelaties verlopen zoveel soepeler als je ervoor zorgt dat je je niet mengt in het privéleven van je collega's.

Je kunt zelfs zeggen dat we meer dan ooit afstandelijk moeten zijn. Te zeer betrokken zijn kan er mogelijk toe leiden dat we verstrikt raken in zaken als pesten op de werkvloer, een leidinggevende die je het leven zuur maakt of ongewenste intimiteiten.

De kardinale regel is om slechts gesprekken over privéonderwerpen te hebben met degenen die ervoor kiezen om zich open te stellen naar jou toe. Houd in gedachten dat jij niet degene moet zijn die de privélevens van anderen ter sprake brengt. Laat hen naar jou toekomen.

8

ISOLEER JEZELF NIET – MAAR VORM OOK GEEN KLEFFE GROEPJES

De meeste mensen zijn geen vijanden of bondgenoten

De essentie van de ideale relatie.

De angst voor isolatie is de drijvende kracht achter het merendeel van onze relaties. Dat is de reden dat mensen groepjes vormen, want ze zijn op zoek naar bondgenoten.

Als een groepje samenkomt, dan worden vijanden uit de groep verwijderd door vast te stellen wie ze zijn en worden ze vervolgens vermorzeld.

Maar eigenlijk zijn de meeste van onze relaties niet met vijanden of bondgenoten. Er zijn momenten waarop we onze krachten bundelen en momenten waarop we lijnrecht tegenover elkaar staan. De ideale relatie heeft deze veranderlijke eigenschap.

We moeten er heel goed op letten dat we onze vijanden niet beschouwen als mensen wier mening of manier van denken afwijkt van de onze. Zodra je iemand gaat beschouwen als je vijand, wordt je gevoel van evenwicht verstoord. Als je vijand succesvol is, ben je niet blij voor hem, want je bent jaloers en wilt hem naar beneden halen. Als je vijand juist geen succes heeft, verkneukel je je misschien en zeg je: 'Net goed, dat verdient hij!' Het verandert jou in een bekrompen persoon.

Probeer hem te zien als een rivaal in plaats van een vijand. Deze verandering van perspectief zorgt voor gezonde wedijver in plaats van een ernstig conflict, en je ontwikkelt er relaties door waarin je streeft naar wederzijdse groei.

9

HOUD IEMAND NIET VOORTDUREND IN DE GATEN

Je stoot er mensen door af in plaats van dat je ze aantrekt

Mensen vertrouwen anderen die altijd over hun schouder kijken niet.

'Als ik dit doe, wordt hij dan boos op mij?'

'Als ik dit zeg, irriteer ik haar daar dan mee?'

Als je wilt vermijden dat je anderen beledigt of boos maakt, is het belangrijk dat je rekening houdt met hun gevoelens.

Maar daarbij moet je je druk maken over hun gevoelens en niet over dat je een slechte indruk op hen maakt. Als je iemand voortdurend in de gaten houdt en probeert om je gedrag aan te passen aan dat van de ander, komt dat onnatuurlijk over en wek je argwaan.

Iedereen is anders, dus je moet iedereen verschillend behandelen. Als je bijvoorbeeld met tien verschillende mensen omgaat, moet je je misschien op tien verschillende manieren gedragen.

Dat is heel vermoeiend. Je kunt daarbij zelfs uit het oog verliezen wie je werkelijk bent. Ook kunnen anderen gaan twijfelen aan je oprechtheid. Een consistent ik – een zelf dat onveranderlijk is, ongeacht met wie je bent – vormt de sleutel tot het creëren van authentieke, goede relaties waarbij je elkaar vertrouwt.

IO

KIJK TOE EN GRIJP NIET IN

Dit is van toepassing op interacties met kinderen én ondergeschikten

Je bedoelingen zijn misschien goed, maar het is beter om geduld te hebben.

Sommige ouders zeuren en leveren kritiek. Dat doen ze misschien omdat ze acties of gedrag van hun kinderen niet goedkeuren. Hetzelfde geldt voor sommige leidinggevenden die hun ondergeschikten voortdurend lastigvallen en de ene instructie na de andere geven, omdat ze de inefficiënte en ongeorganiseerde werkwijze van hun werknemers niet verdragen.

Deze neigingen kunnen voortkomen uit ouderlijke liefde of de wens om iemands ontwikkeling en succes te garanderen. Maar dit zorgt er niet voor dat een kind of ondergeschikte zelfstandig leert handelen en denken.

Als je zo bent, begrijp ik hoe je je voelt. Je bedoelingen zijn goed, maar het is beter om geduld uit te oefenen. Probeer stilletjes te observeren zonder ongevraagd opmerkingen te maken. Deze vorm van betrokkenheid zal de ontwikkeling van je protegé bevorderen.

Uiteraard is het prima dat je ingrijpt als je het gevoel hebt dat iemand in de problemen gaat komen of gevaar loopt. Geef hun met wat vriendelijk advies een zetje in de juiste richting, weg van het gevaar. Als ze vervolgens meer hulp nodig hebben, reageer dan met de woorden: 'Als ik in jouw schoenen stond, dan zou ik dit doen...' Vervolgens ga je weer gewoon waarnemen.

Ongevraagde opmerkingen – of je nu degene bent die ze geeft of juist krijgt – veroorzaken stress. Als ouders of leidinggevenden moeten we ons houden bij waarnemen en niet ingrijpen.

II

GENIET VAN JE TIJD ALLEEN

Ga niet slechts met anderen om omdat je eenzaam bent

Volg het voorbeeld van Saigyo.

Sinds we in het smartphonetijdperk zitten, denk ik dat we een afkeer van eenzaamheid hebben gekregen. Misschien zijn we gewend geraakt aan voortdurend in contact staan met anderen, omdat we met hen kunnen praten alsof ze bij ons in de buurt zijn. Maar het lijkt alsof we het niet langer kunnen verdragen om tijd alleen door te brengen, of om vrije tijd te hebben waarin we niets doen.

Dat is jammer. Tijd in afzondering doorbrengen is heel belangrijk. Je hebt tijd alleen met je gedachten nodig om te kunnen bepalen waar je bent geweest en waar je naartoe gaat, om je gedrag te onderzoeken, om dingen die in de wereld zijn gebeurd te bestuderen en te overdenken hoe ze jou beïnvloeden... en ga zo maar door. Zolang je omgeven bent door anderen, vind je die tijd alleen niet.

Sinds mensenheugenis beschouwen Japanners een rustig leven in hun eentje, omgeven door een overvloed aan natuur, als het toppunt van luxe. De beroemde monnik en tanka-dichter Saigyo (1118-1190), die leefde van de late Heain-periode tot het begin van de Kamakura-periode, belichaamde deze levensstijl.

We moeten streven naar het bewustzijn en de introspectie die tijd alleen ons verschaft. Het is een luxe die een betere manier van leven bevordert.

12

ALS IETS NIET GAAT, DAN GAAT HET NIET

Leer nee te zeggen

Word geen manusje-van-alles.

Als je collega's, of ze nu boven of onder je staan, overspoeld worden met werk, bied dan aan om hen te helpen. Dat is aardig. Maar doe het niet als je zelf ook je handen vol hebt. Schat in hoeveel werk je hebt en wat jouw deadlines zijn, en besluit dan of het logisch is dat jij hen helpt.

Het is goed om mensen te hebben die dit soort situaties kunnen inschatten en nee kunnen zeggen, maar er zijn altijd wel collega's die hier moeite mee hebben. Soms lijdt zelfs hun eigen werk eronder als ze anderen helpen met hun werk.

Dit kan echt een probleem worden als collega's jou zien als iemand die nooit nee zegt, ongeacht wat ze van je vragen. Omdat sommige mensen geen schaamte kennen, zullen ze jou bedelven onder een berg 'werkgunsten' en je behandelen als een manusje-van-alles.

Als je dit risico loopt en in deze positie zit, moet je de gedachte loslaten dat anderen je misschien niet aardig vinden als je nee zegt. Bovendien: als het werk waarvan je hebt beloofd het voor anderen te doen en je eigen werk niet afkomen, doe je misschien wel meer kwaad dan goed. Daarom is het belangrijk om duidelijk te maken wat je wel en niet kunt doen.

13

SCHIK JE NAAR JE LOT

Doe dit en je leven zal soepeler verlopen

Een manier van denken – en van leven – die je geest lichter zal maken.

'Lot' of 'bestemming' zijn woorden die vaak worden geassocieerd met relaties, maar ze zijn ook van toepassing op de details van ons dagelijks leven. Door toe te staan dat het lot onze handelingen leidt, zijn we in staat om ons leven soepel te laten verlopen.

Als iets niet gaat zoals jij wilt, zeg je misschien: 'Het stond niet in de sterren geschreven.' Je wordt bijvoorbeeld niet toegelaten tot een bepaalde universiteit; een baan bij een bepaald bedrijf gaat aan je neus voorbij; een zakendeal mislukt; een project wordt voortijdig gestaakt; je moet een uitnodiging afslaan vanwege tijdgebrek; je leert een mogelijke geliefde nooit kennen...

Is het niet bevrijdend om al deze dingen te zien als iets wat niet voorbestemd was? Stelt dat je niet gerust?

Op dezelfde manier is je verzetten tegen je lot door iets te willen afdwingen geen goed idee. Laten we zeggen dat je een lucratief aanbod krijgt, maar je hebt al toegezegd om iets anders te doen. Je moet dan voorrang geven aan je belofte, je eraan houden en de nieuwe kans afslaan. Het is verkeerd om dingen te evalueren op basis van een eenvoudige berekening van winst en verlies. Kies liever voor het lot, daar krijg je geen spijt van. Je leven zal er zijn natuurlijke loop door nemen.

14

MAAK GEEN WINST-EN-VERLIESANALYSE

Zulke berekeningen komen je niet echt ten goede

Voor mensen die de neiging hebben om zwart-wit te denken.

Goed of slecht, liefde of haat, leuk of saai, makkelijk of moeilijk, gewaardeerd of ondergewaardeerd... Als het aankomt op het nemen van een beslissing, hebben mensen de neiging om in tegenstellingen te denken.

Voordat je een project op je neemt, vooral op het werk, is het niet ongebruikelijk om meteen de kosten en de baten tegen elkaar af te wegen. 'Zal dit mijn reputatie bevorderen? Helpt het me op de lange termijn?'

Maar als je beslissingen gebaseerd zijn op winst en verlies, gaan dingen bijna nooit zoals je je had voorgesteld. Je denkt misschien: dit project is te gemakkelijk. Ze waarderen het niet, zelfs als ik het goed doe. Dus het is niet de moeite waard om het aan te pakken. Maar dat betekent niet dat er geen enkele kans bestaat dat het iets beters zal opleveren.

Aan de andere kant, als je zegt: 'Dit ziet eruit als een waardevolle kans. Als alles goed gaat, kan ik een loonsverhoging en promotie krijgen,' dan nog zijn er veel dingen die fout kunnen gaan, zelfs als je persoonlijk betrokken bent bij het succes ervan.

Het belangrijkste is dat je je vindingrijkheid gebruikt om je eigen draai te geven aan alle kansen die voorbijkomen. Dat beetje extra dat jij levert zal gewaardeerd worden en draagt bij aan een positief resultaat.

15

LAAT JE NIET MANIPULEREN DOOR DE SOCIAL MEDIA

Internet staat vol met zinloze gevechten

Vergeet niet dat de social media slechts middelen zijn

Zelfs presidenten en andere staatshoofden zitten nu op social media en gebruiken deze om hun mening te geven over van alles; van onbelangrijke ruzies tot zaken die te maken hebben met het landsbelang. Social media kun je beschouwen als een geweldig middel voor de vrije uitwisseling van informatie.

Maar als ik een voorzichtige waarschuwing mag geven: wees je bewust van het gevaar van manipulatie. Zonder elkaars gezicht te zien houden mensen minder rekening met elkaar, waardoor ruzies gemakkelijk in intensiteit toenemen. Om deze zinloze strijd te vermijden, is het belangrijk om een zekere afstand te houden en niet overhaast te reageren.

Uiteraard is er ook het probleem van kwaadaardig nepnieuws dat woekert tussen alle informatie die er op internet staat, waarbij sprake is van laster en het creëren van onrust in de wereld. Het is belangrijk voor socialmediagebruikers om onderscheid te maken tussen wat echt en wat nep is. Het is uiteindelijk slechts een communicatiemiddel en daar moeten we verstandig gebruik van maken.

16

WEES BESCHEIDEN

Stop met al dat opscheppen

Mensen doen onopzettelijk neerbuigend naar anderen toe.

Het is opmerkelijk hoeveel mensen opscheppen.

De verleiding daartoe is ook moeilijk te weerstaan. Misschien is het de manifestatie van ons verlangen om te worden gerespecteerd door degenen om ons heen.

Hoe meer je opschept, hoe meer je een soort onverdiend vertrouwen in jezelf ontwikkelt. Je gaat denken dat je superieur bent, dat je bepaalde talenten hebt of een echte fijnproever bent, of wat dan ook.

Social media moedigen dit alleen maar verder aan, en nu lijkt het alsof steeds meer mensen, zelfs zonder dat ze er erg in hebben, een neerbuigende houding aannemen naar anderen toe.

Dat is betreurenswaardig, want mensen die aanmatigend doen en arrogant zijn irriteren anderen.

Dus allereerst: stop met opscheppen. Kijk daarnaast regelmatig naar jezelf om ervoor te zorgen dat je woorden en daden niet neerbuigend zijn naar anderen toe. Als je het gevoel hebt dat dat wel zo is, herinner jezelf er dan aan om bescheiden te blijven.

17

BEVORDER EEN GOEDE SFEER

Vergroot je vaardigheid in het geven van complimenten

Snelle en eenvoudige tips voor het geven van complimenten.

Niemand voelt zich slecht als hij wordt geprezen. Hoe onaangenaam iemand misschien ook is, het is mogelijk om een onverwacht goede band te krijgen met iemand door wat vriendelijke woorden te uiten. Zo creëer je een goede sfeer.

Maar weten waar je een compliment over kunt geven kan lastig zijn. Als je zomaar iets uit de lucht grijpt, kan het verwarrend zijn en de sfeer bederven, terwijl overduidelijke vleierij niet-authentiek of onoprecht overkomt. Bovendien kan het, wanneer je iemand niet zo goed kent, ook best lastig zijn om iets te vinden waarover je een compliment kunt geven.

Als je snel en gemakkelijk een eenvoudig compliment wilt maken, zeg dan wat over iemands uiterlijk, kleding of accessoires.

'Dat is een prachtige stropdas. Die past goed bij je. Waar heb je die gekocht?'

'Ik vind dat patroon van je pak mooi. Het ziet er vooral in grijs erg goed uit.'

'Je schoenen glimmen altijd zo mooi en zijn goed gepoetst. Je weet wat ze zeggen: "Kleren maken de man."'

Enzovoort. Vermijd vleierij. Vind iets waarvan je weet dat die persoon het waardeert en maak dan terloops een compliment. Zolang het niet de plank misslaat, helpt een goed gekozen compliment altijd bij het bevorderen van relaties.

18

SCHAKEL JE GEVOELENS UIT

Dat is de truc als je met je tegenstanders overweg wilt kunnen

Een andere manier is je ogen sluiten voor iemands onprettige eigenschappen.

In je privéleven zou je er nooit voor kiezen om tijd door te brengen met iemand aan wie je een hekel hebt. Niets gemeen hebben is voldoende reden om je van iemand af te keren.

Dit is moeilijker op je werk. Je kunt niet zomaar zeggen: 'Ik heb een hekel aan hem, dus ik wil niets met hem te maken hebben.' Als je bij jezelf denkt: ik vind deze vent niet aardig, ik zou willen dat ik niet met hem hoefde te werken, dan valt dat terug te zien in je houding en gedrag. Het is daardoor onwaarschijnlijk dat jullie interacties soepel zullen verlopen.

Dus wat moet je doen? Je hebt hier geen andere keuze dan praktisch te zijn. Onderhoud net genoeg contact om samen te kunnen werken, maar ga niet dieper.

Er bestaat een truc om met je tegenstanders te kunnen omgaan. Als het gaat over mensen die je niet aardig vindt, dan vallen hun slechte eigenschappen je extra op. Dus doe je best om deze eigenschappen minder op te merken. Als ze iets zeggen of doen wat onprettig is, zeg dan tegen jezelf: 'Aha, daar gaan we weer,' en probeer het daarbij te laten. Of je kunt van onderwerp veranderen of een excuus bedenken om weg te lopen; er zijn verschillende mogelijkheden. Het punt is dat als je je gevoelens uitschakelt en niet emotioneel betrokken raakt bij je werkrelaties, je waarschijnlijk prima met elkaar kunt opschieten.

19

GA NIET ACHTER MENSEN AAN DIE WEGGAAN

Het is beter om gewoon afscheid te nemen

Laat ontmoetingen met anderen aan het lot over.

Een collega verlaat het bedrijf.

Een teamgenoot met wie je een band hebt opgebouwd tijdens alle verschrikkelijke trainingen stopt ermee.

Een vriend met wie je regelmatig wat ging drinken wordt overgeplaatst en verhuist.

Wat de reden ook is, het verlies van een vriend of vriendin is pijnlijk. Je gehechtheid aan iemand kan zo sterk zijn dat je het gevoel hebt dat je diegene moet volgen.

Maar zoals het zengezegde luidt: 'Ga niet achter degenen aan die vertrekken.' Het is oké om gewoon afscheid te nemen in plaats van de pijn van het gescheiden zijn te laten voortduren. Want als een relatie verbroken wordt, is het gewoon het einde van de band die jullie samen op die specifieke manier hadden. Soms kan de band worden hersteld, of misschien verandert het in een soort knipperlichtrelatie.

Net zo belangrijk is het tweede deel van het zengezegde: 'Wijs degenen die naar je toe komen niet af.' Het allerbelangrijkste is hoe en wanneer je iemand ontmoet, wat jullie samenbrengt. De band tussen mensen kan niet worden gemanipuleerd; het is meer een natuurlijke speling van het lot. Dus in die geest: 'Ga niet achter degenen aan die vertrekken en keer je ook niet af van degenen die naar je toekomen.'

20

LAAT SUCCES UIT HET VERLEDEN ACHTER JE

Blijf niet hangen in het verleden, maar kijk naar wat je te wachten staat

Weet wanneer je je terug moet trekken.

Op elk pad dat naar boven gaat, komt er een punt waarop je weet: dit is waar het stijgen ophoudt.

Dit is ook van toepassing op je leven en werk.

Zelfs als alles soepel verloopt, een opwaartse spiraal duurt niet eeuwig. Op een bepaald moment gaan dingen bergafwaarts.

Vooral op het werk, als je niet kunt zien wanneer dat punt komt – denk aan met pensioen gaan – neemt je invloed alleen maar af, en loop je het risico dat je blijft vasthouden aan vergane glorie.

Om dit te vermijden moet je doelen voor jezelf stellen. Als je die doelen eenmaal hebt bereikt en je hebt het succes behaald dat je zocht, beschouw dat dan als een keerpunt.

Laat alle nog sluimerende gehechtheid los en verspil geen energie aan blijven vechten. Het is beter om afstand te nemen en een nieuwe uitdaging aan te gaan.

Onthoud dat de ideale tijd om te vertrekken is wanneer je je op je hoogtepunt bevindt. Dan is het tijd om een nieuwe weg in te slaan.

21

WEES OP JE HOEDE VOOR NEGATIEVE MENSEN

Het kan zelfs gevaarlijk zijn om goedkeurend te knikken als ze wat zeggen

Het is verstandig om zo veel mogelijk afstand te houden.

Mensen houden hun negatieve emoties vaak niet voor zich, waardoor ze de mensen om hen heen beïnvloeden.

Ze laten anderen schrikken doordat ze hun stem verheffen, mopperen en schelden.

Of ze geven mensen een onprettig gevoel door boze blikken te werpen of chagrijnig te kijken.

Of ze veroorzaken problemen door hun klachten met iedereen te delen.

Of ze dempen ieders enthousiasme met hun pessimisme.

Als je zulke mensen tegenkomt, kun je ze het beste uit de weg gaan. Veel mensen vinden het vervelend om met zulke mensen om te gaan en knikken gewoon tijdens het verhaal op gepaste momenten. Maar zwijgen en knikken is eigenlijk toestemmen, dus dat kun je maar beter niet doen. Ook al was het enige wat je deed met je hoofd knikken, nu zien ze je als een bondgenoot en kun je er nog meer bij betrokken raken.

Leer op te merken wanneer iemand negatieve emoties uit.

Vervolgens blijf je dan bij diegene uit de buurt – letterlijk. Zeggen dat je nodig naar de wc moet is slechts één manier om snel te ontsnappen.

DEEL 2

MAAK JE GEEN ZORGEN OVER ELK KLEIN DINGETJE

Hoe je je bevrijdt van stress, ongeduld en woede

22

ALS JE ERGENS NIET ZEKER VAN KUNT ZIJN, MAAK JE ER DAN GEEN ZORGEN OVER

Het is beter om niet in angst te leven

Pak de problemen die voor je liggen aan.

Stress ontstaat door het verlangen iets te willen weten wat je nooit zult weten, hoelang of hoeveel je er ook over nadenkt. Een beroemd voorbeeld hiervan is een vage angst voor de toekomst.

De toekomst is tot op zekere hoogte voorspelbaar, maar we weten nooit echt wat er zal gaan gebeuren. Dingen die zeer waarschijnlijk lijken gebeuren uiteindelijk niet, en dingen waarvan het zeer onwaarschijnlijk is dat ze gebeuren, gebeuren juist wel. Het maakt niet uit hoeveel gegevens je verzamelt, het maakt niet uit hoeveel tijd en moeite je stopt in erover nadenken; de toekomst valt nu eenmaal niet te voorspellen.

Als je je zorgen maakt over iets waarvan de kans groot is dat het gaat gebeuren, moet je uiteraard alles doen om het te voorkomen. Maar het heeft geen zin om je zorgen te maken over wat misschien wel of niet gaat gebeuren. Je kunt beter je energie besteden aan wat er voor je ligt. Als je je richt op waar je nu iets aan kunt doen, dan bestaat er altijd een kans dat de toekomst waar je je zorgen over maakte zal veranderen.

Het is zinloos om je zorgen te maken over de toekomst als je niet kunt weten wat er gaat gebeuren. Het enige wat we kunnen doen is ons best doen om met de problemen om te gaan als ze zich daadwerkelijk voordoen.

23

WORD GOED IN VERGETEN

Het beschermt je geestelijke gezondheid

Verzamel je rommel in je hoofd?

Een theorie luidt dat het vermogen om te vergeten een instinct voor zelfbehoud is. Als we ons elk onprettig detail uit ons dagelijks leven herinneren, zou onze geest worden geknakt.

Zoals het oude gezegde luidt: *Once on shore, we pray no more* (Als we eenmaal aan wal zijn, bidden we niet langer). Met andere woorden, als de tijd verstrijkt, ligt het in de menselijke aard om de onprettige dingen van bijna elke ervaring te vergeten.

Maar hoewel het goed is om onbelangrijke dingen te vergeten, is het niet goed om dingen te vergeten die gewoon ongemakkelijk zijn of waarvan je zou moeten hebben geleerd. In plaats van ze geheel uit je gedachten te bannen, is het misschien beter om die dingen in een soort la met herinneringen op te bergen die je open of dicht kunt doen als dat nodig is.

Als er iets gebeurt wat je liever vergeet, sta jezelf dan toe om de negatieve gevoelens die je erbij hebt volledig te ervaren. Maar daarna kun je zeggen: 'Genoeg!' en ze in de la met herinneringen stoppen, en zo kun je opzijzetten wat er is gebeurd.

Dingen die je liever vergeet kunnen zich opstapelen en rommel in je hoofd worden, maar als je ze naar je la met herinneringen verplaatst, kunnen ze een mogelijkheid tot groei vormen, zolang je ze op de juiste manier sorteert.

24

VOEL JE MEER OP JE GEMAK

Creëer wat afstand tussen jezelf en de verwachtingen die anderen van je hebben

Doe gewoon wat je moet doen.

Als je leidinggevende 'Ik reken op jou' tegen je zegt, dan heb je uiteraard het gevoel dat je hard moet werken.

Dat is allemaal prima. Maar als je de druk voelt om te voldoen aan de verwachtingen van anderen, kan dat zowel lichamelijk als geestelijk slopend zijn. Je voelt niet langer de vrijheid om iets te doen op een manier die voor jou natuurlijk aanvoelt.

Als dat het geval is, dan word je angstig en heb je moeite om resultaat te leveren, in plaats van dat je aan de verwachtingen voldoet. Maar kwel jezelf niet, want dat je anderen een plezier zou doen was niet vanaf het begin af aan gegarandeerd.

Voel je meer op je gemak. De verwachtingen van jouw leidinggevenden zijn slechts hun verwachtingen; ze waren nooit jouw verwachtingen van jezelf. Wat die verwachtingen ook mogen zijn, doe gewoon rustig je werk op de beste manier die je kent.

Wanneer je werk niet voldoet aan de verwachtingen van de leidinggevende, is dat niet erg. Je kunt altijd proberen het de volgende keer beter te doen. Vandaar dat het goed is om wat afstand te creëren tussen jezelf en de verwachtingen die anderen van jou hebben. Hoe meer afstand er is tussen jou en degenen die iets van je vragen, hoe minder je de druk van hun verwachtingen voelt.

25

ZET DAT 'IK BEN EEN GOED MENS'-MASKER AF

Voordat je je ware ik uit het oog verliest

Het gevaar van je masker ophouden.

Als je een masker draagt, is het onmogelijk om te zien hoe je gezicht er echt uitziet.

Een aartsvijand kan je misschien kwaad aankijken, maar als hij een masker op heeft dat een glimlach laat zien en hij op kalme toon spreekt, heb je een heel ander gevoel over hem. Je kunt zeggen dat maskers enorm handig zijn om je ware aard te verbergen.

Ook al draag je misschien niet letterlijk een masker, het is nog steeds mogelijk om onecht gedrag te vertonen en zo je ware aard te verbergen. Het is gewoon een ander soort masker.

Iedereen wil als een goed mens worden gezien. Dat is precies de reden dat veel mensen een masker opzetten. Maar het is niet goed om het gewoon op te houden, want je loopt het risico dat je vergeet hoe je ware ik eruitziet.

Ik heb het idee dat steeds meer mensen voortdurend een toneelstukje opvoeren. Misschien komt dit doordat ze steeds meer contact met anderen hebben op social media dan in het echte leven. Dat kan gevaarlijk zijn. Ze leven hun leven achter een masker in plaats van dat ze als zichzelf leven.

26

VERGELIJK JEZELF NIET MET HET GEMIDDELDE

Er bestaat niets wat zinlozer is

Hoe graag je jezelf ook met anderen wilt vergelijken...

Het kan ontmoedigend zijn om jezelf met iemand te vergelijken en dan te ontdekken dat je voor diegene onderdoet. Aan de andere kant kun je er blij van worden als je beter bent dan een ander. Zo zit de mens nu eenmaal in elkaar.

Niemand wil gewoontjes zijn, dus het is logisch dat minder dan gemiddeld zijn ons bang maakt, terwijl meer dan gemiddeld zijn ons een veilig gevoel geeft.

Toch bestaat er niets wat zinlozer is dan jezelf vergelijken met anderen. Omdat er geen universele norm bestaat voor het vaststellen van iemands waarde, is het onmogelijk om iemands relatieve waarde te bepalen door hem met anderen te vergelijken.

Als je toch wilt vergelijken, meet dan je huidige ik af aan je ik toen je op je best was. Dit kan een motivatie zijn voor groei en ontwikkeling.

Als je ontdekt dat je onderdoet voor je beste ik, doe dan beter je best. Als je ontdekt dat je je beste ik voorbij bent gestreefd, kun je een nieuw persoonlijk doel stellen om steeds je best te blijven doen. Dat is een goede cyclus om in werking te zetten.

27

JE ZORGEN MAKEN OVER ANDEREN IS ONBEGONNEN WERK

Laat je niet voor de gek houden door de statistieken

Er bestaat niet zoiets als een gemiddelde manier van leven.

Voortbordurend op het vorige hoofdstuk, waarin het gevaar om jezelf te vergelijken met het gemiddelde werd besproken: het lijkt wel of de media elke dag verslag doen van statistische gegevens over ons leven. Het gemiddelde jaarinkomen per leeftijdscategorie of bedrijfstak, de gemiddelde leeftijd om te trouwen of een huis te kopen, het gemiddeld gespaard bedrag op elke leeftijd, het gemiddeld geldbedrag om prettig te kunnen leven op oudere leeftijd... Blijkbaar willen veel mensen weten wat deze gemiddelden zijn.

Maar dat is alles wat ze zijn: statistieken. Ze kunnen niet dienen als leefregels. Je kunt net zo goed zeggen dat het je levensdoel is om meer dan gemiddeld te zijn. Maar bestaat er iets wat zinlozer is?

De kans dat je een prettig en zorgeloos leven leidt is groter als je je geen zorgen maakt over alle anderen en je gewoon aan je eigen reeks waarden vasthoudt. Het is beter om te zeggen: 'Ik ga mijn leven op deze manier leiden. Ik weet niet of dit normaal is. Maar dat doet er niet toe, want ik wil geen gemiddeld leven leiden.' Bovendien bestaat er niet zoiets als een gemiddeld leven. Een functie van statistieken is om de mening van mensen en het consumentengedrag te beïnvloeden. Wees niet onder de indruk van de aantrekkingskracht van statistieken.

28

WAARDEER WAT IEDEREEN UNIEK MAAKT

Als je dit doet, zul je nooit meer onzeker of arrogant zijn

De manier om elkaars individualiteit te respecteren.

Heb je van jongs af aan geleerd om jezelf met anderen te vergelijken?

Dat valt te begrijpen. Wij zijn allemaal, zo lang als we ons kunnen herinneren, vergeleken met de mensen om ons heen; bij van alles, van proefwerkcijfers tot hoe snel we konden rennen.

Ik heb herhaaldelijk gezegd dat we moeten stoppen onszelf met anderen te vergelijken, maar sommigen van ons blijven het toch doen.

Als je jezelf erop betrapt dat je je vergelijkt met anderen, probeer dan tegen jezelf te zeggen: ‘Het gaat er niet om wie beter of slechter is; we zijn gewoon anders. En dat is fascinerend.’

Je zult erachter komen dat je talenten hebt die anderen niet hebben, en omgekeerd. Je zult interessante dingen opmerken over anderen. Je zult beseffen dat we allemaal onderscheidende persoonlijkheden hebben en dat het belangrijk is om daar het beste van te maken.

Als je eenmaal dat punt bereikt, dan is het niet nodig om jezelf aan anderen af te meten, en daar vloeit uit voort dat je je niet langer onzeker of arrogant hoeft te voelen. Leren genieten van onze verschillen kan ons helpen om onze relaties te verbeteren.

29

WEES NIET VERBAASD OVER VERBROKEN BELOFTES

Stap eroverheen

Verplaats je liever in de ander dan dat je boos wordt.

Verraad valt over het algemeen in twee categorieën onder te verdelen.

De ene categorie is die van verbroken beloftes. Bijvoorbeeld: 'Wat bedoel je dat je nog niet begonnen bent? Hoe vaak moet ik je aan de deadline herinneren?' Of: 'Je zei dat je absoluut aanwezig zou zijn bij onze volgende borrel en nu zeg je op het allerlaatst af?' In deze gevallen geloofde je dat anderen zich aan hun beloftes zouden houden, en hebben ze je vertrouwen beschaamd.

De andere vorm van verraad is zelfs een nog grotere teleurstelling. Dat is wanneer onze verwachtingen te hooggespannen zijn en de resultaten tegenvallen. We hebben de neiging om ons meer belazerd te voelen door dit soort verraad.

Ongeacht hoe we ons voelen na een daad van verraad, het is óns probleem. Wíj zijn degenen die ermee moeten leren omgaan. In de hiervoor genoemde voorbeelden zeggen degenen die ons hebben verraden misschien zoiets als: 'Ik had beloofd om dit te doen, maar ik kon het niet doen en er viel niets aan te doen', of: 'Het spijt me dat ik je moet teleurstellen, maar ik kan echt niet komen.' Meestal was het niet de bedoeling je te laten zitten.

Het is beter om met medeleven aan deze teleurstellingen te denken dan met frustratie. Wees niet verbaasd over verbroken beloftes. Leer om je verwachtingen bij te stellen. Zo is de kans kleiner dat je je kalmte verliest.

30

‘ACH, DIE DINGEN GEBEUREN GEWOON’

Deze eenvoudige woorden zorgen ervoor dat je je beter voelt

Onverwachte gebeurtenissen maken het leven interessanter.

Er vinden allerlei dingen plaats in het leven. Je kunt zeggen dat het leven een reeks van onverwachte gebeurtenissen is.

Maar nadat je iets eenmaal hebt ervaren, gaat dat wat eerder onverwacht was deel uitmaken van je leven.

Na verloop van tijd ben je er niet langer van onder de indruk en zeg je: 'Ach, die dingen gebeuren gewoon.'

Er wordt vaak gezegd dat mensen milder worden naarmate ze ouder worden. Misschien is dat het gevolg van een opeenstapeling van ervaringen en het vermogen om te zeggen: 'Deze dingen gebeuren gewoon.'

Je kunt het leven vergelijken met een toneelstuk zonder script. Des te meer reden om plezier te halen uit het improviseren van je rol, vind je niet?

Dus als er iets onverwachts gebeurt, zeg dan tegen jezelf: 'Deze dingen gebeuren gewoon.' Je zult zien dat deze eenvoudige woorden ervoor zorgen dat je je beter voelt.

31

CREËER NIET EEN BEPAALD BEELD VAN JEZELF

Overduidelijke trucjes zijn goedkoop vermaak voor mensen die je niet kent

Zie je eigen ik onder ogen.

In de wereld van social media is het creëren van een bepaald beeld van jezelf heel normaal. Mensen veranderen zichzelf zo veelvuldig dat ze op een gegeven moment niet meer weten wie ze echt zijn. Zelfs degenen die elkaar in het echte leven kennen vormen online een beeld van zichzelf als onderdeel van dit spel.

Het probleem ontstaat als we zó graag een goede indruk willen maken dat we onze berichten vullen met onwaarheden of onze toevlucht nemen tot overduidelijke misleiding met foto's en filmpjes.

Zolang je online een beeld van jezelf vormt, zul je je nooit ontwikkelen tot de persoon die je echt bent. Anders gezegd, je kunt jezelf aan anderen presenteren op elke manier die je wilt, maar dat zorgt er niet voor dat je vanbinnen anders wordt.

Steek hier dus niet langer energie in. Als je tegen anderen liegt zodat ze je niet uitlachen, dan maken ze je misschien belachelijk omdat je te zeer je best doet. Het is beter om je moeite naar binnen te richten. Dat is de manier waarop je jezelf echt vormt.

32

ALS JE JEZELF GAAT BEOORDELEN, VERGELIJK JEZELF DAN MET WIE JE GISTEREN WAS

Verander het onderwerp van je vergelijking

Houd op met het beoordelen van jezelf van buitenaf.

Nu we het over het creëren van een beeld van jezelf hebben, is er nog iets wat je aandacht verdient. Als we besluiten om delen van onszelf te laten zien, doen we dat vaak op basis van het gezichtspunt van anderen. In plaats van te vragen: 'Hoe zie ik mezelf?', vragen we meestal: 'Hoe word ik gezien door de mensen om me heen?' Het antwoord op die vraag bepaalt ons gedrag.

Als je iets op social media zet waarvan anderen zouden willen dat ze het hadden of dat ze het konden ervaren, krijg je vaak een lading aan likes. Dit kan je een fijn gevoel geven, maar het is zinloos als je de feiten verkeerd hebt weergegeven om jezelf beter af te schilderen. De kloof met de realiteit wordt er alleen maar groter door, en uiteindelijk ben je niet in staat om dit beeld in stand te houden.

Zowel in je rol als in het echt ben je niet meer en niet minder dan jezelf. Je moet jezelf slechts zien zoals je bent, en jezelf ook zo presenteren, ongeacht hoe de successen van anderen eruitzien.

Vanaf nu ga je leren om jezelf niet te evalueren op basis van hoe je denkt dat anderen je zien, maar jezelf in plaats daarvan te vergelijken met wie je gisteren was. Pas dan kun je plezier halen uit het feit dat je vandaag in staat was om iets te doen wat je gisteren nog niet kon. Ik voorspel je dat je zo beetje bij beetje je ware ik zult ontdekken.

33

ZET DE DINGEN DIE JE VOOR ANDEREN HEBT GEDAAN METEEN UIT JE GEDACHTEN

Vriendelijkheid wordt bezoedeld als je er iets voor terugverwacht

Verwachten dat mensen iets voor je terugdoen leidt alleen maar tot teleurstelling.

Ik zeg altijd: 'Het siert niet om neerbuigend te doen als je iemand helpt.' Hier is een ander adagium dat de moeite waard is om te onthouden: 'Kerf vriendelijkheid die je hebt ontvangen in steen; laat hartelijkheid die je betoont stromen als water.'

Als je iemand hebt geholpen of voor diegene hebt gezorgd vanuit de goedheid van je hart, verwacht je daar niets voor terug. Maar als je verwacht dat als je iemand helpt er sprake zal zijn van wederkerigheid, dan creëer je je eigen teleurstelling als dat niet gebeurt.

Ik hoor vaak dingen als: 'Ik heb hem aan een goede baan geholpen, maar hij heeft me er nooit voor bedankt. Zo onbeschoft!' of: 'Altijd als er iets verkeerd gaat, komt ze bij mij uithuilen, maar als ik een probleem heb, doet ze alsof ze dat niet ziet. Het is niet te geloven hoe egoïstisch ze is.' De beste manier om deze negatieve gevoelens te vermijden is door meteen de dingen die je voor anderen hebt gedaan uit je gedachten te zetten.

Maar zorg er wel voor dat je laat zien dat je dankbaar bent als iemand iets voor jou doet. Spreek dan met jezelf af dat je die persoon op een bepaald moment helpt, en doe dat dan ook. Dit is wat ik bedoel met het koesteren van je band met anderen.

34

DOE ALTIJD AAN ZELFREFLECTIE

Je beseft dan misschien dat ook jij egoïstisch was

Vind de gulden middenweg.

Als ik kijk naar hoe wereldleiders zich gedragen, is het moeilijk om niet wanhopig te worden en te gaan denken dat wereldvrede een illusie is. Elk land schijnt erop te staan dat zijn belangen het belangrijkst zijn.

Uiteraard werken politici voor het algemeen nationaal belang, dus het is normaal voor hen om hun eigen land het belangrijkst te vinden. Maar aangezien we in de wereld afhankelijk van elkaar zijn, volgt hieruit dat als het niet goed gaat met andere landen, het ook niet goed gaat met ons land. Een gulden middenweg vinden waar iedereen tevreden over kan zijn, is ook de weg om vrede te bereiken.

Deze manier van denken is wat in het boeddhisme 'de middenweg zoeken' inhoudt. Het werkt net zo goed op een persoonlijk niveau. Hoewel afhankelijk van je positie de voor- en nadelen van een overeenkomst verschillen, is het belangrijk om op zoek te gaan naar een oplossing die eerlijk is, waarbij beide partijen concessies doen en offers brengen.

Helaas is de laatste jaren de 'ik eerst'-houding toegenomen. Maar voordat jij iemand beschuldigt van egoïstisch gedrag, kijk eerst eens naar je eigen handelingen. Wanneer je erkent dat ook jij egoïstisch bent geweest, is de kans groot dat je relaties verbeteren.

35

BEDANK DEGENEN DIE JE HEBBEN GESTEUND

Je kunt niet veel bereiken in je eentje

In elk bedrijf zijn er miskende helden.

Het maakt niet uit binnen welk vakgebied je werkt, er zijn rollen die worden gezien als banen die door slechts één persoon kunnen worden gedaan. Neem bijvoorbeeld de verkoop buitendienst: er is één persoon die bepaalde klanten bezoekt en een contract binnensleept. Hetzelfde geldt voor de voorbereiding van bepaalde documenten, of dat nu een voorstel of een brochure is, een verslag, een samenvatting, de notulen of de presentatie voor een conferentie. Daarvan denken de meeste mensen dat er slechts één persoon voor nodig is om ze te creëren.

Maar in werkelijkheid bestaan er amper taken die door één persoon kunnen worden afgemaakt. De meeste taken vereisen de samenwerking van verschillende mensen.

Als je dingen vanuit dit perspectief bekijkt, zie je in dat je helemaal niet veel in je eentje voor elkaar krijgt. Desondanks grijpen sommige mensen elke kans aan om hun prestaties breed uit te meten: 'Dat heb ik gedaan!' of: 'We hebben die resultaten alleen behaald door wat ik heb gerealiseerd.' Het is ergerlijk.

Je moet niet vergeten dat voor elke zogenaamde solobaan er collega's zijn die hun hulp aanbieden, en zonder klanten zou er geen project zijn om aan te werken. Deze mensen zijn de miskende helden die helpen bij zo veel 'eenpersoonsbanen'. Zorg ervoor dat je hen bedankt.

36

BESTEED GEEN AANDACHT AAN KLEINE VERSCHILLEN

Uiteindelijk zijn ze niets om je zorgen over te maken

Besteed liever aandacht aan de meer uitgesproken verschillen.

De verhoudingen tussen leidinggevenden en hun medewerkers zijn meestal niet zo goed als er een klein leeftijdsverschil tussen hen is. Naast een gevoel van rivaliteit kunnen er andere gevoelens naar boven komen. Zo wil de leidinggevende misschien niet toegeven aan iemand die minder ervaring heeft. Of de medewerker wil misschien geen orders aannemen van iemand die slechts een paar jaar ouder is.

Maar als er tien of twintig jaar leeftijdsverschil is, is de kans kleiner dat ze elkaar als rivaal zien. De leidinggevende kan het gevoel hebben nog steeds over de juiste kwaliteiten te beschikken, terwijl de medewerker de leidinggevende met alle respect kan behandelen.

Hetzelfde kan worden gezegd over werkervaring, vaardigheden en positie. Kleine verschillen lokken vaak een concurrentiestrijd uit. Maar als het verschil uitgesprokener is, wordt de dynamiek vaak minder competitief.

Maar het tegenovergestelde is waar. Zou het niet zo moeten zijn dat kleine verschillen onbelangrijk zijn? Als dingen veel op elkaar lijken, is er veel van hetzelfde; niets om je zorgen over te maken. Je kunt beter aandacht besteden aan grote verschillen. Als je jezelf ten doel stelt om het gat tussen posities, vaardigheden of expertise kleiner te maken, zul je in staat zijn je te richten op je prestaties en het verbeteren van jezelf, beetje bij beetje.

37

LEER OM MOEILIJKE ERVARINGEN TE VERANDEREN IN LEUKE VERHALEN

De sleutel is hier om het tijd te geven

We kunnen door de meeste dingen in het leven heenkomen als we leren erom te lachen.

Tegenslag, pijn, frustratie, verdriet, fouten... Sommige mensen weten grappige verhalen te vertellen over dingen die normaal gesproken zwaar drukken op de luisteraar. Soms helpt dit ook de persoon die het verhaal vertelt om onprettige gevoelens over wat er is gebeurd om te zetten in iets positievers en het gemoed wat te verlichten.

Toch kan het lastig zijn om luchtig te praten over moeilijke ervaringen kort nadat ze hebben plaatsgevonden. Zelfs als het je lukt om dit te doen, kunnen degenen die naar je verhaal luisteren het misschien niet grappig vinden. Je kunt hen zelfs van je vervreemden doordat je overkomt als iemand die ongevoelig is en lijkt te doen alsof de tegenslag niets voorstelde.

Het is belangrijk om genoeg tijd te laten verstrijken tussen het vertellen van je verhaal en de gebeurtenis. Zo stel je jezelf in staat om volledig te verwerken hoe je je voelt, en dan verdwijnen de scherpe randjes. De bitterheid zal milder worden, net als wijn die rijpt. Als het rauwe ervan vervaagt, wordt het gemakkelijker om de gebeurtenis in een grappig verhaal te veranderen.

Hoe onprettig een ervaring ook is geweest, als je er met humor op kunt terugkijken, hoef je je negatieve gevoelens niet langer met je mee te slepen. Je kunt leren lachen om de meeste dingen in het leven en er op die manier overheen komen.

38

STOP MET SPIJT HEBBEN EN GA NADENKEN OVER JEZELF

Zo leer je het meest van je fouten

Richt je op het proces in plaats van de resultaten.

Vaak zorgt onze spijt over fouten uit het verleden ervoor dat onze emoties een negatieve kant opgaan.

'Ik had dat niet moeten doen.'

'Ik wou dat ik dat niet had gezegd.'

'Had ik maar een andere beslissing genomen.'

'Ik had die weg niet moeten kiezen.'

We blijven spijt houden over dingen die voorbij zijn, zelfs als we weten dat het te laat is om ze ongedaan te maken. Dat overkomt iedereen.

Vandaar dat het belangrijk is om je manier van denken om te schakelen van spijt naar nadenken over jezelf.

'O, ik heb iets verkeerd gedaan. Maar wat was er precies verkeerd aan? Laat ik nog eens kijken naar wat er is gebeurd.'

Zie je hoe je je fouten kunt zien als leermomenten en zo toekomstige fouten kunt voorkomen?

Het is een manier waarop we het verleden dat we met ons meedragen kunnen veranderen.

39

DOE DINGEN DIE JE NIET GEBRUIKT WEG

Dingen wegdoen maakt je gedachten lichter

Deze spullen zijn als een overdaad aan verzadigde vetzuren.

Tijdens de coronalockdown deden veel mensen hun ongebruikte spullen in één klap weg.

Dit was heel goed, iets wat kan worden gezien als een lichtpuntje in de pandemie.

Maar als je dingen die je niet langer gebruikt wegdoet, maak je je misschien zorgen over verspilling. Doe dat niet. Hoe meer spullen je in je huis hebt verzameld en nooit gebruikt, hoe zwaarder ze op je gemoed drukken.

Deze spullen zijn als een overdaad aan verzadigde vetzuren in ons eten die zorgen voor gezondheidsproblemen.

Neem bijvoorbeeld kleding. Creëer drie categorieën van de kleren in je kledingkast. De eerste categorie zijn kleren die je al drie jaar lang niet hebt gedragen. De tweede bestaat uit kleren die je in de afgelopen jaren een of twee keer hebt gedragen, maar die niet je favoriet zijn. De laatste categorie zijn de kleren die je niet erg vaak draagt, maar die je wel heel leuk vindt. Het beste wat je met de eerste twee categorieën kunt doen, is ze wegdoen, ongeacht hoe duur deze kleren waren of als je denkt dat je ze misschien nog eens gaat dragen. Op die manier raak je niet alleen onnodige kleding kwijt, je geest zal er ook veel lichter door worden.

40

DOE AFSTAND VAN IETS IN PLAATS VAN HET WEG TE GOOIEN

De slimme manier om spullen weg te doen terwijl je de levensduur ervan verlengt

Het subtiele onderscheid tussen weggooien en ergens afstand van doen.

Dingen weggooien is verspilling.

Maar eigenlijk zit er niet veel verschil tussen iets weggooien en iets wegstoppen.

Als je nadenkt over de levensduur van een artikel, heeft het wegdoen en het wegstoppen hetzelfde effect: je benut het artikel niet.

In plaats daarvan kun je erover denken om ergens afstand van te doen.

Zelfs nadat je ergens afstand van hebt gedaan, kun je het een nieuw leven geven door het aan iemand te geven die het nodig heeft.

Het is dus geweldig om de levensduur van iets te verlengen door er afstand van te doen; of je het artikel nu kunt verkopen op een rommelmarkt of het weggeeft aan een goed doel of een vriend.

Door dit te doen verminder je je schuldgevoel over iets weggooien, en je gedachten zullen lichter worden doordat je de rommel in je huis vermindert. Zo sla je twee vliegen in één klap.

DEEL 3

REAGEER BEHEERST

Manieren waardoor je energie blijft houden

41

VAT NIET ALLES LETTERLIJK OP

Bescherm jezelf tegen ongevoelige mensen

Als je je afvraagt: wat was in vredesnaam de bedoeling van deze persoon?

Waarom zou iemand dit zeggen?

Wat is de achterliggende boodschap van wat zij zeiden?

Vaak kunnen we de woorden van mensen niet letterlijk nemen en proberen we te achterhalen wat hun ware bedoelingen zijn.

Als je probeert te begrijpen wat iemand bedoelt, zijn de beste aanwijzingen gezichtsuitdrukkingen en intonatie. De manier waarop iemand kijkt en klinkt kan een onuitgesproken gemoedstoestand overbrengen. We kunnen belangrijke inzichten uit deze aanwijzingen halen.

Maar er zijn genoeg mensen die gewoon alles wat in hen opkomt uitspreken zonder dat er een diepere betekenis achter zit. Ze doen dat zonder erbij stil te staan of hun woorden misschien iemands gevoelens kunnen kwetsen. De meesten van hen zijn gewoon ongevoelig.

Het is niet nodig om dat wat mensen zeggen letterlijk op te vatten. Hun ondoordachte, achteloze opmerkingen zijn vooral nietszeggend. Houd in gedachten dat reageren geen enkele zin heeft.

42

BEPAAL WANNEER JE JE AFSLUIT VOOR INFORMATIE

Een essentiële gewoonte voor innerlijke rust

Houd je ogen en oren niet de hele tijd open.

We zien dingen die we liever niet zouden zien – die beter ongezien zouden kunnen blijven.

We horen dingen die we liever niet zouden horen – die beter ongehoord zouden kunnen blijven.

We weten dat er gebeurtenissen plaatsvinden waar we liever niets over zouden weten – die beter onbekend zouden kunnen blijven.

We kunnen het niet helpen, maar we moeten erop reageren.

Dit zijn allemaal kenmerken van een informatiemaatschappij. Het lijkt een goed idee om informatie te verzamelen via een breed aanbod van bronnen, maar dat is misschien slechts tot op zekere hoogte zo.

Als de informatie die onze aandacht trekt nu volledig accuraat was, of als we het nodig hadden voor het werk of ons dagelijks leven... maar voor het merendeel van de tijd is dat niet het geval. Maar al te vaak is het waarheidsgehalte ervan dubieus, is het vrij onbelangrijk voor je en vergroot het je ongerustheid.

Is het daardoor echt nodig om te proberen elk laatste beetje informatie dat de wereld in wordt geholpen te verzamelen?

Ik raad je aan om af en toe je ogen dicht te doen en je oren te bedekken om informatie uit te bannen. Dit leidt tot een verrassende innerlijke rust.

43

OVERVOER JEZELF NIET MET INFORMATIE

Houd ook afstand van informatie

Een zeer belangrijke manier voor het leven voor nu.

Tegenwoordig worden we met zo'n snelheid en hevigheid overspoeld door informatie dat als je niet oppast, je voordat je het weet verdrinkt in de golf onnodig nieuws dat niets met jou te maken heeft.

Weet je nog hoe iedereen het tijdens de coronapandemie had over afstand houden van elkaar?

Misschien is het ook een goed idee om meer afstand tussen onszelf en informatie te creëren.

Als je jezelf toestaat om overspoeld te worden door informatie, ongeacht of het nuttig of relevant is, of als je jezelf ermee overvoert, verspil je uiteindelijk je kostbare tijd en energie.

Besluit voor jezelf welke informatie je nodig hebt, wilt zien of horen.

Dat is een goede manier om de juiste sociale afstand te creëren.

44

WAAI NIET MET ALLE WINDEN MEE

De kardinale regel als je naar de meningen van anderen luistert

Waarom laten we ons zo gemakkelijk beïnvloeden door anderen?

Er zijn een heleboel mensen die ongevraagd hun mening geven over iets wat je zegt of hoe je je gedraagt. Ze willen gewoon aardig zijn of ze vinden het leuk om anderen onder druk te zetten om dingen op hun manier te doen. Wat hun bedoeling ook is, je hoeft bijna nooit hun advies op te volgen. Er is gewoon niet genoeg tijd om ieders mening serieus te nemen.

Het is gemakkelijk om in de war te raken en te aarzelen als je een beslissing moet nemen.

'Oké dan, misschien moet ik proberen wat deze vent me aanbeval. Maar wacht eens even, zij zegt dat ik het tegenovergestelde moet doen. Hè? Ik wist niet eens dat dat een optie was... Wat moet ik doen?'

Om deze onzekerheid te vermijden, moet je duidelijk weten wat je waarden zijn voordat je naar de mening van een ander luistert. Je moet vaststellen wat belangrijk voor jou is. Wat is het vaste doel dat je aanzet tot handelen?

Pas dan moet je luisteren naar de mensen om je heen, hen bedanken en voor nu hun advies in je achterhoofd houden. Als je dit doet, zorg je ervoor dat anderen niet te veel invloed hebben op je beslissingen, en ik denk dat je dan beter in staat bent om gebruik te maken van hun advies.

45

GEEF RUITERLIJK TOE DAT JE IETS NIET WEET

Het is niet erg als mensen denken dat je achterloopt

Als je iets wilt weten, hoef je alleen maar te zeggen: 'Vertel me daar meer over.'

Als informatie overvloedig aanwezig en vrij toegankelijk is, hebben mensen een grotere neiging om te laten zien hoeveel ze weten.

Aangezien er op social media veel informatie wordt verspreid, kan het lijken alsof er een eindeloze stroom van berichten is waarin mensen opscheppen over hun kennis en knowhow.

Het echte probleem bestaat echter voor de ontvangende partij. Of het nu om een uitwisseling op internet of een alledaags gesprek gaat, het is allemaal prima als we kunnen zeggen: 'O ja, zeker, dat weet ik.' Maar als er iets is wat we niet weten, voelen we ons vreemd genoeg niet op ons gemak.

Als iemand bijvoorbeeld reageert met: 'Wat?! Wist je dat niet?', dan heb je het gevoel dat je wordt buitengesloten, dat je achtergebleven bent of de vreemde eend in de bijt bent.

Het enige wat we dan kunnen doen is eroverheen stappen, want er zijn onvermijdelijk dingen die we niet weten. Zonder je vreemd of opgelaten te voelen, of je ervoor te schamen, probeer met waardigheid te zeggen: 'Dat wist ik niet.'

Als het iets is waar je nieuwsgierig naar bent, kun je je interesse tonen en proberen er meer over te weten te komen. Als dat niet zo is, haal dan gewoon je schouders erover op. Dit is een ander moment waarop het verstandig is om sociaal afstand te nemen van informatie.

46

RUSTIG AAN, RUSTIG AAN, RUSTIG AAN

Een eenvoudige mantra om je gedachten te kalmeren

Zelfs monniken worden weleens boos.

Iedereen verliest op een bepaald moment het geduld. Misschien is je trots gekwetst als je het gevoel hebt dat iemand je heeft beledigd, of je wordt van iets beschuldigd waar je je niet van bewust was en je wilt uitschreeuwen: 'Laat me met rust!'

Maar je woede botvieren op een ander lost niets op. Het is ook zinloos om de handschoen op te pakken en te vechten met iemand die jou heeft beledigd.

Ik zal je laten zien wat ik de beste manier vind om je woede in drie seconden kwijt te raken. Herhaal in gedachten op geruststellende toon iets als de volgende voorbeelden:

'Dankbaarheid, dankbaarheid, dankbaarheid.'

'Rustig aan, rustig aan, rustig aan.'

'Kalmeer, kalmeer, kalmeer.'

'Het is oké, het is oké, het is oké.'

Bijna elke variant op deze zinnen zal werken.

Ik leerde dit van Koshu Itabashi, die de abt van een Soto-zentempel was en in 2020 overleed. Zelfs monniken worden kwaad, maar we moeten weten hoe we een rem op onze boosheid zetten en niet toegeven aan onze woede.

47

WEES JE BEWUST VAN TIJDVERSPILLING

Er zijn veel dingen die je niet hoeft te doen

Stroomlijn je werk en je taken.

Corona beroofde ons van het alledaagse leven dat we voor lief namen.

Maar de pandemie opende ons ook de ogen en deed ons inzien dat er zo veel onnodig is in het leven van nu, zoals hoeveel tijd we hadden verspild aan werk en taken die niet gedaan hoefden te worden of die er niet toe deden.

Hoe vond je het bijvoorbeeld om op afstand te werken?

'Er waren verrassend weinig vergaderingen en afspraken die ik moest bijwonen.'

'Een deel van het werk dat ik op kantoor deed kon op afstand worden gedaan.'

'Ik bespaarde een hoop tijd doordat ik niet naar het werk hoefde te reizen.'

Velen van ons kwamen tot dezelfde inzichten. We waren in staat om het werk dat belangrijk was te scheiden van het werk dat niet belangrijk was.

Stel nu dat we langzaamaan ons minder belangrijke werk en onze minder belangrijke taken opgeven? Of dat we de frequentie ervan verminderen? We zouden minder tijd verspillen en waarschijnlijk meer tijd besteden aan belangrijke zaken.

48

RAAK NIET BETROKKEN BIJ DINGEN DIE JE NIETS AANGAAN

Handel op een zinvollere manier

Bemoei je je met andermans zaken, of zeg je vrij snel dingen toe?

Wat beschouw je als belangrijk?

Wat denk je dat je kunt doen?

Als je er niet in slaagt om de antwoorden op deze twee vragen in gedachten te houden, kan dat ertoe leiden dat je betrokken raakt bij dingen die je niet aangaan.

Op het werk ga je misschien aan de slag met iets wat niet meteen hoeft te worden gedaan, zonder na te denken over je prioriteiten. Je hebt je eigen projecten waar je aan moet werken, maar in plaats daarvan bied je aan om iemand te helpen. Je zegt overhaast toe iets te doen wat je vaardigheden ver te boven gaat.

Of je bemoeit je in je privéleven met zaken die niets met jou te maken hebben. Je mengt je in andermans zaken of biedt ongevraagd advies.

Door dit soort gedrag raak je tijd en energie kwijt.

Beschouw alle dingen die niet belangrijk voor je zijn als onnodig, en alle dingen waar je niet vaardig in bent als dingen die je tijd niet waard zijn.

Zulk praktisch denken zorgt ervoor dat je zinvoller handelt.

49

UIT JE VOORZICHTIG

Dat is wat
wijze mensen doen

De betweter uithangen kan gevaarlijk zijn.

Het is onverstandig om zomaar wat te zeggen (of op social media te zetten), dingen te herhalen waarover je iemand slechts even hebt horen praten, of die je op tv zag, of die trending waren op social media.

Je mengt je in de problemen van een ander, zwaait met onbewezen informatie en verkondigt luidkeels wat mensen zouden moeten doen.

Of je begint vol vuur een persoonlijke theorie uiteen te zetten over iets wat je slechts deels begrijpt.

Je kunt je het beste verre houden van zulke dingen. Onzorgvuldige opmerkingen zullen de mensen om je heen waarschijnlijk alleen maar verwarren. Geruchten en roddels verspreiden zich snel en kunnen een storm aan misinformatie oproepen.

Helemaal op het werk of met familie moet je voorzichtig zijn met je mond opendoen, behalve als je weet dat je informatie accuraat is, of dat het om een onderwerp gaat waar je goed in thuis bent. Anders loop je het risico dat je meer kwaad dan goed doet.

Woorden zijn belangrijk. Uit jezelf voorzichtig.

Dat is wat wijze mensen doen.

50

PAUZEER EVEN VOORDAT JE ANTWOORDT

Het gevaar van te snel reageren

Op deze manier ontstaan onprettige e-mailuitwisselingen.

E-mails en appjes zijn onze belangrijkste manier van communiceren geworden. Het gemak om met anderen contact te hebben wanneer je maar wilt, op elk moment en vanaf elke plek, is te groot. Er is geen weg terug meer.

Dat is prima. Mail en verstuur appjes zo veel je wilt. Wees alleen voorzichtig met al te snel reageren.

Als de boodschap prettig is, is het prima om snel te reageren. Maar als je slecht nieuws krijgt, maak dan even pas op de plaats. Want als je in de greep bent van negatieve gevoelens zoals teleurstelling, woede of frustratie, loop je het risico om heftig te reageren. Natuurlijk is het niet leuk om slecht nieuws te ontvangen. Maar als je een vervelend mailtje terugstuurt, kan de situatie escaleren.

Want zodra je hebt geantwoord, kun je niet terugnemen wat je hebt gezegd. Des te meer reden om even stil te staan. Probeer je negatieve gevoelens in de hand te houden zodat je niet overkookt. Als je dat kunt, houd je je hoofd koel en voorkom je dat je iets zegt waar je misschien spijt van krijgt.

51

VERTRAAG JE PAS

Waar is de brand?

Niet alles is dringend.

Communicatie via smartphones, voornamelijk onder jongeren, verloopt steeds sneller. Als oude man kan ik het niet helpen dat ik me soms afvraag: waarom bellen ze elkaar niet gewoon? Maar ik denk dat het veel leuker is om foto's en filmpjes te versturen dan gewoon met elkaar te praten, en de laatste tijd schijnen ouderen dit ook te doen.

Op een snel bericht volgt meestal een snelle reactie, en dan moet je de hele tijd je smartphone in de gaten houden. Dit is allemaal leuk en aardig zolang de uitwisseling gezellig en zorgeloos is. Maar als de boodschappen beledigend zijn of woede en irritatie oproepen, kun je niet echt rustig blijven.

Ik had eens een gesprek met een psychiater, en dit is was hij zei:

'Sommige mensen voelen zich onrustig als ze hun smartphone niet in de buurt hebben, maar eigenlijk is het zo dat voortdurend je smartphone bij je hebben die stress juist veroorzaakt.'

Je hoeft niet zo veel haast te hebben met reageren. Als het niet dringend is, is het prima om je mobieltje een paar uur, of zelfs een paar dagen, met rust te laten. Probeer te onthouden om het langzamer aan te doen.

52

BLIJF NIET HANGEN IN VERDRIET

De leer van zen:
'Wees in wezen één'

Probeer niet te zwelgen in je emoties.

Er is niets verdrietiger dan het overlijden van een familielid of een goede vriend. Sommige mensen kunnen blijven hangen in hun verdriet en herstellen er nooit volledig van.

Denk in zulke omstandigheden aan deze zenuitspraak:

'Wees in wezen één.'

Als we intense emotie ervaren – niet alleen in perioden van verdriet, maar ook in moeilijke, gelukkige en inspirerende tijden – worden we een met deze emotie. We ervaren het leven ten volle. Kort daarna veranderen onze gevoelens en moeten we verder met een nieuwe dag.

Dat is de zenmanier van leven.

Als je niet de tijd neemt om één te zijn met je wezen, kunnen je emoties opgekropt blijven en komen ze vast te zitten binnen in je. Dat is wat zwelgen in je verdriet betekent.

Daarom is het beter dat als je verdriet hebt, je je de ogen uit je hoofd huilt zonder je druk te maken over wat anderen daarvan denken. Na verloop van tijd zul je de kracht vinden om uit de put te kruipen.

53

‘ONGELOOFLIJK, IK KAN ZO BEKROMPEN ZIJN’

Zie de goede dingen zoals ze zijn

Als jaloezie de kop opsteekt, gebruik dit dan als een waarschuwing.

Mensen zijn jaloerse wezens. Maar welke gevoelens liggen ten grondslag aan jaloezie?

Als we een partner of iemand op wie we gesteld zijn vriendelijk zien doen tegen een ander, worden we jaloers, of niet soms? We voelen sterk de behoefte om beslag te leggen op die persoon, om diegene voor onszelf te houden.

Of als een rivaal een groot succes behaalt, is het moeilijk om met oprecht plezier te zeggen: 'Gefeliciteerd!'

Dit komt voort uit een superioriteitscomplex, vanuit ons verlangen om nummer één te zijn.

Dit gedrag beperkt zich niet alleen tot het werk, maar strekt zich uit tot je familie, universiteit, uiterlijk, bezittingen, kennis, sportiviteit, populariteit, enzovoort. We voelen dezelfde afgunst voor anderen die een hoger aanzien genieten dan wij.

Maar stel nu dat je, als je wordt overvallen door deze jaloerse gevoelens, tegen jezelf zegt: 'Ongelooflijk, ik kan zo bekrompen zijn.'

Een grootmoedig persoon is in staat om te erkennen dat iets wat prachtig is, ook daadwerkelijk prachtig is. We moeten ernaar streven om tolerant en genereus te zijn.

Grootmoedig zijn is een duidelijk kenmerk van iemands charme.

54

LEEF JE LEVEN ONAFHANKELIJK EN TEN VOLLE

Een manier van leven die niet beïnvloed wordt door anderen

Maar wie zijn die 'anderen' eigenlijk?

'Maar iedereen heeft er een!'

Toen je een kind was, viel je je ouders toen op deze manier lastig als er iets was wat je graag wilde hebben?

Ik betwijfel of veel ouders zeiden: 'Nou, als iedereen er een heeft, denk ik dat er niets anders opzit dan om er ook een voor jou te kopen.' Ze reageerden eerder met zoiets als: 'Echt waar? En wie is "iedereen"?'

Natuurlijk zijn zowel kinderen als ouders zich er goed van bewust dat deze 'iedereen' niets voorstelt. En toch, als we horen: 'Dat is wat iedereen zegt', nemen we aan dat dat is wat tachtig of negentig procent van de mensen denkt. Misschien toont dat wel aan hoezeer we als alle anderen willen zijn. Maar je kunt je leven niet leiden als je constant met alle winden meewaait. Verban het betekenisloze 'iedereen' uit je gedachten en streef ernaar om je leven onafhankelijk te leven.

55

PROBEER DINGEN VANUIT EEN ANDER PERSPECTIEF TE ZIEN

De manier waarop dingen eruitzien verandert afhankelijk van je gezichtspunt

Zijn dat jouw aannames?

Niets hinderlijker dan vooroordelen. Mensen houden er graag stevig aan vast. Ze zijn ervan overtuigd dat ze gelijk hebben, en niets wat anderen zeggen zal hen van gedachten doen veranderen.

Ze menen dat slechts één kant juist is en elk ander standpunt onjuist.

Afgezien van principes die juist blijven gedurende tientallen, honderden en duizenden jaren, zijn de dingen waarvan mensen beweren dat ze juist zijn 'omdat ik het zeg' gebaseerd op een subjectief waardensysteem. Vandaar dat we onze aannames onder de loep moeten nemen en kijken of het ook anders kan zitten.

Stel jezelf de volgende vragen. 'Als ik er nu eens vanuit een ander gezichtspunt naar keek? Weet ik zeker dat mijn perspectief juist is?'

Door deze vragen te stellen verruim je je blik. Je geeft jezelf de ruimte om na te denken over meningen en denkwijzen die verschillen van die van jou. Als we onze aannames opzijschuiven, kunnen we de waarheid vanuit een heleboel verschillende perspectieven bekijken.

56

DENK NA OVER HET GEZEGDE 'HIJ DIE WEINIG WEET, HERHAALT DAT VAAK'

Wees banger voor een gebrek aan vindingrijkheid dan voor een mislukking

Een verhaal over een zenmonnik en een rijke koopman.

Er bestaat een verhaal over Soto-zenmonnik Honko Fugai.

Toen de monnik in Osaka in zijn armoedige tempel zat, kwam een rijke koopman hem om raad vragen. Terwijl de koopman uitweidde over zijn problemen, kon de monnik het niet helpen dat zijn aandacht werd getrokken door een daas die om hen heen zoemde.

In een poging om naar buiten te komen, was de daas tegen de papieren shoji-schermdeur gevlogen en op de grond gevallen. Het leek alsof hij dood was. Maar even later vloog de vlieg weer op en ging zoemend langs het scherm totdat hij er weer tegenaan botste... en zo bleef dat doorgaan.

Ondertussen hadden de monnik en de koopman de volgende uitwisseling.

'Deze arme daas,' zei de monnik. 'In de shoji-deuren van onze nederige tempel zitten overal gaten. Ook zijn er hier en daar spleten. Toch probeert de vlieg telkens om door dezelfde plek in het scherm te vliegen. Hij gaat zeker dood.'

De koopman antwoordde: 'Het enige wat u doet is naar de daas kijken en u besteedt geen aandacht aan mijn problemen. Waarom vindt u de daas zo fascinerend?'

'O, ik verwonderde me er net over dat wij mensen hetzelfde zijn. We kunnen dingen slechts vanuit één perspectief zien, en zo blijven onze problemen altijd onopgelost.'

De koopman besefte opeens hoezeer dit op hem van toepassing was.

57

NEEM DE STELREGEL ‘IEDER Z’N MEUG’ TER HARTE

Persoonlijke waarden heb je in duizenden soorten en maten

Het is belangrijk om erachter te komen wat je gemeenschappelijk hebt.

Neem een groep van honderd mensen en ieder van hen zal anders zijn als je kijkt naar hun gezicht, lichaamstype, vaardigheden en persoonlijkheid. We verschillen allemaal van elkaar. Dat geldt ook voor onze waarden.

Die waarden zijn niet goed of fout, en de ene waarde is ook niet beter dan de andere. Iemands waarden verdienen respect. Toch weigeren veel mensen om de waarden van anderen te erkennen, en ze houden zelfs vol dat alleen die van hen juist zijn.

Nog erger is dat mensen waarden die anders zijn dan die van hen ontkennen en bekritiseren. Of dat ze proberen anderen hun waarden op te leggen. Ze zeggen misschien dingen als: 'Je drinkt niet? Je gaat niet naar de paardenraces of het casino? Geniet je wel van het leven?' De gepaste reactie is natuurlijk om zulke dingen te negeren of er gewoon je schouders over op te halen.

Laat zulke mensen een herinnering voor je zijn dat je de waarden van anderen niet moet ontkennen of bekritiseren. Het is belangrijk om de waarden van anderen te respecteren, zelfs als ze botsen met de jouwe. Sta open voor wat anderen te zeggen hebben. Terwijl je luistert naar hun standpunt, vergelijk je het met dat van jou en probeer je te achterhalen wat jullie met elkaar gemeen hebben.

58

VERWACHT NIET TE VEEL

Dan zal alles
veel soepeler verlopen

Meet jezelf deze houding aan: 'Als alles goed gaat, dan is dat geluk hebben.'

Er is iets wat vrij lastig is aan verwachtingen – zowel aan verwachtingen hebben van anderen als aan verwachtingen die anderen van jou hebben. Het hebben van verwachtingen van iemand is dat je hoopt dat diegene groeit of succes heeft. Daar is niks mis mee. En dat iemand verwachtingen van jou heeft, kan jou inspireren om harder te werken om zo het geloof in jou waar te maken.

Ik zeg dus niet dat je niets moet verwachten, maar dat je niet te veel moet verwachten. Hoe hoger je verwachtingen zijn, hoe groter je teleurstelling als er niet aan wordt voldaan. Je kunt ook in de verleiding komen om je ontevredenheid uit te spreken: 'Ik verwachtte zo veel van jou...'

Als je aan iemands verwachtingen probeert te voldoen, kunnen zijn hoge verwachtingen druk op je leggen en dat kan je prestaties beïnvloeden.

Bescheiden verwachtingen kunnen een positief effect hebben op prestaties, maar onrealistische verwachtingen kunnen een last vormen en averechts werken.

Niet elke dag gaan de dingen zoals we verwachten dat ze gaan. Je zult je beter voelen als je onthoudt: 'Als dingen goed gaan, dan is dat geluk hebben.' Op die manier is het moeilijk om teleurgesteld te zijn als de resultaten tegenvallen, en je zult extra blij zijn als ze beter zijn dan je had gehoopt.

59

GA VOLLEDIG OP IN DE TAAK DIE VOOR JE LIGT

Zo bescherm je jezelf tegen afleidingen

Het is belangrijk om een omgeving te creëren die je in staat stelt je te focussen.

Als je volledig opgaat in een taak of een project, sluit je andere informatie buiten.

Bijvoorbeeld, zelfs als de tv aan staat, zie je of hoor je de tv niet.

Zelfs als de mensen om je heen praten, luister je niet naar wat ze zeggen.

Als je smartphone niet bij je in de buurt ligt, merk je de berichtjes of gemiste telefoontjes niet op.

Ik heb dit gezien. Je aandacht is volledig gericht op de taak die voor je ligt, en je wordt niet afgeleid door onbelangrijke dingen.

Als je je best doet om zo'n soort omgeving te creëren door de tv uit te zetten, alleen te zitten, je telefoon op stil te zetten, dan hoef je niet op elk onbelangrijk ding dat zich voordoet te reageren.

De meeste dingen lossen zich vanzelf op, of je nu wel of niet erbij betrokken bent. Het is niet erg om sommige dingen los te laten.

Geeft het niet veel meer voldoening als je je volle aandacht kunt wijden aan de taak die voor je ligt?

60

JE PERSOONLIJKE OMSTANDIGHEDEN KUNNEN ANDEREN BIJNA NOOIT IETS SCHELEN

Daarom hebben smoezen vaak niet het gewenste effect

De belangrijkste regel als je een fout maakt.

Als je te laat bent, een deadline niet kunt halen of je bent vergeten wat je moest doen, is het normaal dat je uitvluchten verzint.

De aanleiding hiervoor is dat je de ander graag wilt laten begrijpen wat de omstandigheden waren, zodat je kunt uitleggen waarom je de fout maakte.

De persoon die de uitleg geeft ziet het waarschijnlijk niet als een excuus (diegene legt gewoon de situatie uit), maar bij de ontvangende persoon komt het wel zo over.

Vandaar dat hoe uitgebreider je uitleg is, hoe meer je de ander waarschijnlijk van je vervreemdt. Hij kan je langdradig, tactloos of niet overtuigend vinden, en vraagt zich misschien af wat het hem kan schelen.

Helaas geldt voor de meeste mensen dat de persoonlijke omstandigheden van anderen niet hun verantwoordelijkheid zijn. Het is dus niet vreemd dat de kans klein is dat ze het begrijpen.

Dus in plaats van omslachtig uit te leggen waarom iets is gebeurd, helemaal als jij degene bent die de fout heeft gemaakt, is het beter om sorry te zeggen en verder te gaan.

61

LAAT JE NIET MEESLEPEN DOOR TRENDS

Zeg gewoon: 'Nee, bedankt'

Pas op dat je niet verstrikt raakt in bevliegingen.

De media, social media in het bijzonder, gebruiken slimme trucjes om trends aan te zwengelen.

Ze doen uitspraken zoals 'De baggy-look is het helemaal dit jaar', 'Blauw is dé kleur dit seizoen' of 'Dit zijn de nieuwste designtrends'. Ze geven je het idee dat iedereen die niet aan deze trends meedoet hopeloos achterloopt.

Er zijn in Japan verschillende publieke campagnes geweest zoals 'Leef je beste leven', 'Een spaarplan van een miljoen voor je pensioen' of zelfs 'Laten we thuis gaan koken' tijdens de coronapandemie.

Elk van deze kreten is zorgvuldig bedacht om een beroep te doen op de verlangens van consumenten.

Als je voortdurend wordt blootgesteld aan deze trends en campagnes, raak je er voor je het weet van in de ban. Het gevolg is dat je je individualiteit verliest. Het is prima om enige interesse te hebben in trends, maar als het zo is dat je een bevlieging wordt opgedrongen, zeg dan: 'Nee, bedankt.'

DEEL 4

VERSPIL JE ENERGIE NIET

Manieren waarop je voorkomt dat je het jezelf moeilijker maakt

62

ZIE ALLES VAN DE ZONNIGE KANT

Een oefening om het leven makkelijker te maken

Laat je niet leiden door angst.

Iets proberen wat je nog nooit eerder hebt gedaan, naar een onbekende plek gaan, iemand voor het eerst ontmoeten… het is heel normaal om zenuwachtig te zijn voordat je iets nieuws doet.

Maar als je per se resultaat moet boeken of je moet je excuses aanbieden omdat je een fout hebt gemaakt… Wie heeft zich niet zenuwachtig gevoeld in dit soort situaties? In zulke omstandigheden is het gemakkelijk om pessimistisch te zijn en te fantaseren over alle dingen die fout kunnen gaan.

Maar bedenk het volgende. Helpt het als je je veel zorgen maakt? Nee. Dus zeg in plaats daarvan dit tegen jezelf:

'Aan alle dagen komt een eind. Aan alle regen komt een eind. Hoe verschrikkelijk iets ook is, aan alles komt een eind.'

Mensen zijn van nature pessimistisch, dus we kunnen niet onze houding veranderen zonder daar bewust een poging toe te doen. Herhaal de woorden hiervoor als een mantra in je hoofd en vind het optimisme terug. Hoe beter je in staat bent om iets van de zonnige kant te bekijken, hoe minder angstig je je voelt en hoe beter dingen zullen gaan.

63

KOM NIET VAST TE ZITTEN IN EEN VICIEUZE CIRKEL

Onderneem meteen actie

Doe dit om een doorbraak te ervaren.

Iedereen heeft weleens dat paniekgevoel ervaren als er iets onverwachts gebeurde. Opeens weet je het niet meer en het enige wat door je hoofd schiet is: ‘Wat moet ik doen? Wat moet ik doen? Wat moet ik doen?’

Zolang je vastzit in dit kringetje, sta je zo goed als stil. Dus in zo’n situatie, moet je allereerst deze vicieuze cirkel zien te doorbreken.

Zeg tegen jezelf: ‘Stop! Begin opnieuw!’

Dit helpt je om de negatieve spiraal die is ontstaan door het ‘Wat moet ik doen?’-kringetje te doorbreken. Als daarna je gevoel van kalmte is hersteld, ben je in staat om na te denken over het volgende.

‘Wat kan ik op dit moment doen?’

‘Wat moet ik nu doen?’

Als je eenmaal actie hebt ondernomen, dient de oplossing zich als vanzelf aan.

64

HEB VERTROUWEN IN JE AANPAK

Het geheim is om niet te aarzelen of te twijfelen

Luister niet te veel naar wat anderen zeggen.

Het is belangrijk om open te staan voor de meningen en zienswijze van de mensen om je heen. Er zitten vele voordelen aan: je krijgt een idee waar je anders niet aan had gedacht, je leert een nuttige truc om iets voor elkaar te krijgen, of je beseft dat je nog meer opties hebt.

Maar het is ook mogelijk om te zeer open te staan voor de meningen van anderen.

'A zegt dit en dat klinkt logisch.' 'B zei dit tegen me. Ze heeft waarschijnlijk gelijk.' 'C raadde me aan dit te doen. Hij heeft een punt.' Al deze meningen kunnen je verwarren en ervoor zorgen dat je te veel nadenkt over dingen en vervolgens niet langer in staat bent te beslissen wat je moet doen.

Om dit te vermijden moet je eerst weten wat jij zelf wilt.

Dit is wat ik beschouw als jouw persoonlijke aanpak: het belangrijke punt waar je nooit van afwijkt. Jij bent de beschermheer of beschermvrouw van je leven.

Als je niet vasthoudt aan je eigen aanpak, dan ga je je, als je naar de meningen van anderen luistert, misschien afvragen: 'Wiens leven is dit eigenlijk?'

65

WIJD JEZELF AAN JE ROL

Dit is ook nuttig voor anderen

Al het werk draagt bij aan de maatschappij.

In de loop van je drukke werkende leven heb je je misschien afgevraagd: 'Doe ik iets wat nuttig is? Draag ik bij aan de maatschappij, zelfs al is het maar een klein beetje?'

Tijdens de pandemie werden veel mensen van hun stuk gebracht toen steeds meer bedrijven moesten sluiten. Ze vroegen zich erdoor af: is mijn baan nodig?

Maar laat me duidelijk zijn: Al het werk is nuttig en draagt op een bepaalde manier bij aan de maatschappij. Het was de coronapandemie die onnodig was; niet jij of je baan.

Iets anders wat het moeilijk maakt om te zien hoe belangrijk je werk is, is dat vele mensen voor grote, complexe organisaties werken. Daardoor kan het moeilijk zijn om precies te zien welke impact jij in jouw unieke positie hebt.

En toch, hoe klein je rol ook is, het werk kan niet zonder jou worden gedaan. Je moet je gewoon wijden aan je taak. Mensen zijn sociale wezens. We kunnen niet leven zonder een band met de maatschappij te hebben.

66

VERANDER ELKE DAG IETS KLEINS

Een trucje dat je leven kan verrijken

Als je het gevoel hebt dat je vastzit in een sleur, doe dan het volgende.

Je weet dat je vastgelopen bent als het leven monotoon lijkt en elke dag aanvoelt als een herhaling van de dag ervoor. Het is niet noodzakelijkerwijs slecht om je tijd vredig en rustig door te brengen, maar als er haast geen verandering is van ene dag op de andere dag, dan kan dat je deprimeren. Het leven wordt dan gewoontjes en eentonig.

Als je je zo voelt, kan het nuttig zijn om jezelf eraan te herinneren dat geen gisteren hetzelfde is als vandaag. En er is geen vandaag die hetzelfde is als morgen.

Als je erover nadenkt, is het onmogelijk voor elke dag om precies hetzelfde te zijn. De maaltijden die je eet, de gesprekken met je gezin, de specifieke dingen die je doet in je werk; er is altijd iets wat van dag tot dag een beetje anders is. In ons dagelijks leven hebben we allemaal nauwelijks merkbare nieuwe ervaringen, hoewel we ons daar niet altijd bewust van zijn.

En als dat niet genoeg is voor je, dan raad ik je aan om er bewust naar te streven elke dag iets anders te doen, hoe onbetekenend ook. Al snel zal deze opeenstapeling van kleine veranderingen ervoor zorgen dat vandaag voelt als vandaag en morgen als morgen, en dan zul je beter toegerust zijn om elke dag ten volle te leven.

67

‘HIER EN NU, OP DIT MOMENT, DIT BEN JIJ’

Wees volledig aanwezig in het hier en nu, en in jezelf

Een diepgaand inzicht in deze eenvoudige waarheid.

Er bestaat een zengezegde dat de noodzaak van leven in het moment samenvat; van actie ondernemen in de tijd en op de plek waar je je bevindt.

'Hier en nu, op dit moment, dit ben jij.'

We zijn slechts in staat om nu te leven, op dit moment. De ik die een seconde geleden bestond is niet meer, en er is geen garantie dat je huidige ik een seconde hierna nog bestaat.

Op dezelfde manier kun je slechts op de plek zijn waar je nu bent, en je kunt alleen actie ondernemen die nu ondernomen kan worden.

Dat wil zeggen dat de basiswaarde van het leven is dat het enige wat we hebben het 'nu' is.

We moeten deze eenvoudige waarheid diepgaand begrijpen.

Als we dat doen, kunnen we de hoeveelheid tijd die we besteden aan spijt hebben over het verleden en ons zorgen maken over de toekomst enorm verminderen, net als het piekeren, twijfelen en lijden.

Er is actie die je nu kunt ondernemen. Stop al je energie daarin.

Dat is wat het betekent om te leven.

68

VERANDERING IS EEN GEGEVEN IN HET LEVEN. DEGENEN DIE SLECHTS NAAR HET VERLEDEN OF HET HEDEN KIJKEN ZULLEN DE TOEKOMST GEGARANDEERD MISSEN

Zowel successen als mislukkingen bevinden zich al in het verleden

Werk is echt een 'levend iets'.

Als het over je werk gaat, dan wordt een taak als deze eenmaal voltooid is (of het nu een succes of een mislukking was) aan het verleden toevertrouwd.

Als je project een succes was, denk je vaak dat je het altijd moet aanpakken zoals je gedaan hebt. Succes smaakt naar meer, en dat blijft je bij.

Veel mensen houden stevig vast aan dat wat hun succes opleverde. Ze geloven dat alles soepel zal verlopen als ze gewoon hetzelfde doen als de keer ervoor.

Maar werk is echt een 'levend iets'. Alles – de tijd, de omstandigheden, de mensen die erbij betrokken zijn – verschilt van het ene moment op het andere. Gewoon de formule volgen van je vorige succes zorgt er niet voor dat alles goed gaat.

Misschien kun je zelfs zeggen dat successen uit het verleden je vaak in de weg zitten. Het is wellicht beter om opnieuw te beginnen en met frisse ogen naar elk nieuw project te kijken om zo de beste aanpak te bepalen.

John F. Kennedy zei: 'Verandering is de wet van het leven. Degenen die slechts naar het verleden of het heden kijken zullen de toekomst gegarandeerd missen.' Ik ben het daar roerend mee eens.

69

WERK IS VERANDERLIJK EN DYNAMISCH

Pas je aan de veranderende omstandigheden aan

Boeddhistische stelregels voor werk.

Verschillende taken kunnen op elkaar lijken, maar er zijn altijd subtiele verschillen. Het boeddhisme leert ons: 'Alle dingen in de natuur, alles wat gebeurt in deze wereld; niets blijft hetzelfde.' Dit is ook op werk van toepassing.

Dus je kunt geen standaardprocedure hebben voor je werk. Je moet elk project op een manier aanpakken die past bij de details ervan.

Als ik een tuinontwerp maak, bekijk ik de plek. Dit houdt in dat ik het huis vanuit verschillende invalshoeken bekijk, waarbij ik niet alleen rekening houd met de stand van de zon en de kwaliteit van de aarde, maar ook met wie de klant is (bijvoorbeeld of het een kantoortuin of een tuin rondom een huis is), op welk moment van de dag de tuin gebruikt gaat worden, de gemoedstoestand van de gebruikers ervan, enzovoort. Ik denk na over hoe ik de positieve onderdelen van een tuin belicht en de tekortkomingen minder zichtbaar maak.

Ik neem mijn gedetailleerde evaluatie van de plek op in mijn ontwerp. Vervolgens creëer ik in overeenstemming met de zenfilosofie een ruimte die de waarden van de plek en de wensen van de klant weerspiegelt. Dit verschilt enorm van de westerse aanpak van een stuk grond egaliseren en dan vanaf nul beginnen. Ik geloof dat elk soort werk een zekere mate van maatwerk vereist.

70

STEL DINGEN NIET UIT TOT MORGEN

Doe vandaag de dingen die moeten worden gedaan

De les van de 'nalatige monnik'.

Ik wil je een anekdote vertellen over het ontstaan van Konnichi-an, het huis van Urasenke Chado, een van de belangrijkste theeceremoniescholen. Meer dan driehonderdvijftig jaar geleden liet Sen Sōtan, de kleinzoon van Sen no Rikyu (die de manier van het theeschenken perfectioneerde en de Urasenke-school oprichtte), het theehuis Fushinan, dat tegenwoordig de Omotesenke-theeceremonieschool huisvest, na aan zijn kleinzoon Koshin Sosa. Sōtan bouwde een kluizenaarshut voor zijn pensioen achter het theehuis en nodigde zijn zenmeester, monnik Seigan Soi, uit om op bezoek te komen toen de hut klaar was. Sōtan hoopte dat Seigan de nieuwe theekamer zou zien en deze een naam zou geven.

De afgesproken tijd kwam en ging voorbij, en Seigan verscheen niet. Met tegenzin ging Sōtan eropuit om iets te halen. Toen Seigan eindelijk arriveerde en hoorde dat Sōtan een boodschap voor hem had achtergelaten waarin hij hem vroeg om alsjeblieft de volgende dag terug te komen, krabbelde hij haastig het volgende antwoord op de papieren *koshibari* die de onderste helft van de muur van de theekamer besloeg: EEN NALATIGE MONNIK VERWACHT GEEN MORGEN. Dat wil zeggen dat als een luie monnik zoals hijzelf te horen kreeg om morgen terug te komen, men er niet op kon rekenen dat hij op tijd zou zijn. Zo kwam de theekamer aan zijn naam, Konnichi-an, wat betekent 'hut van deze dag'.

De uitleg van Seigans boodschap luidt dat je niet weet wat er morgen gaat gebeuren. Je bent er misschien wel of misschien niet meer. Dus moet je vandaag doen wat er gedaan moet worden. We moeten niet rekenen op morgen om iets te doen.

71

WERK AAN JE STERKE PUNTEN

En laat dingen waar je minder goed in bent over aan degenen die er heel goed in zijn

De weg naar persoonlijke groei.

Iedereen heeft sterke en zwakke punten. En om de een of andere reden werken veel mensen heel hard om hun zwakke punten te verbeteren. Hoe gewetensvoller iemand is, zo lijkt het wel, hoe meer hij zich bewust is van zijn tekortkomingen.

Misschien doen we zo hard ons best omdat we aannemen dat we in alles goed moeten zijn om over het geheel als goed te worden gezien.

Er is niets mis met zelfverbetering, maar stel nu dat je je zwakke punten accepteert als een feit? Als je niet goed bent in iets, zul je er waarschijnlijk nooit in uitblinken, hoe hard je ook je best doet.

Als het op je sterke punten aankomt, kun je je volle honderd procent geven en een tien scoren. Maar als het om je zwakke punten gaat, dan scoor je, zelfs als je je honderdtwintig procent inzet, misschien slechts een acht.

Je sterke punten zijn vaak de dingen die je leuk vindt om te doen. Dus je bent gemotiveerd om ze te doen, en je wordt er snel beter in. Je zwakke punten zijn meestal de dingen die je niet graag doet. Het is moeilijk om jezelf te motiveren ze te doen, en je wordt er maar langzaam beter in. Dus ik moedig je aan om je niet langer te concentreren op je zwakke punten.

72

DRING JEZELF OF ANDEREN NIETS OP

Creëer een dreamteam

Iedereen moet doen waar hij goed in is.

Bedrijven doen het goed als hun werknemers het gevoel hebben dat ze de autoriteit hebben om iets te doen. Belangrijk hierbij is dat het gaat om hoe goed ze als team presteren en niet ieder voor zich.

Idealiter zet iedere werknemer zich voor de volle 110 procent in.

Als je tien mensen in je team hebt, van wie ieder op een bepaald gebied vaardig is, zou je hele team moeten kunnen profiteren van tien verschillende dingen waar die tien mensen goed in zijn.

Deze methode van teamwork kan veel grotere resultaten opleveren dan wanneer de individuele werknemers hun energie breed inzetten en niet slechts hun sterke punten gebruiken, zelfs als ze geen enkel zwak punt hebben.

Het beste aan teamwork is dat mensen hun sterke punten kunnen benutten in plaats van dingen te doen waar ze niet goed in zijn.

Als iedereen in het team blij is met waar ze aan werken, vergroot je de kans op zakelijk succes voor de werknemer en het bedrijf, en word je blij van de resultaten. Teamwork heeft zo'n positief effect!

73

GEBRUIK NIET LANGER 'OMDAT HIJ EEN MAN IS' OF 'OMDAT ZIJ EEN VROUW IS'

Verschillen tussen mannen en vrouwen zijn gewoon verschillen tussen individuen

Beschouw iedereen als een uniek persoon.

Verscheidene jaren geleden kwam aan het licht dat in Japan een aantal opleidingen had geknoeid met het toelatingsbeleid. Administratief medewerkers hadden de toelatingsexamenresultaten van vrouwelijke studenten voor de opleiding medicijnen over de gehele linie verlaagd.

De opleidingen geneeskunde rechtvaardigden hun daden door dingen te zeggen als: 'In dit vak stoppen vrouwen vaker met werken wanneer ze trouwen of kinderen krijgen', en: 'Als er minder mannelijke artsen zijn, lopen we het risico dat de spoedeisende hulp en de operatieafdelingen onderbezet zijn.' Het enige wat ik kan zeggen is dat het onacceptabel is om te discrimineren tegen vrouwen en om hen te straffen tijdens het toelatingsexamen.

Ik ben betrokken bij de toelatingsexamens van de universiteit waar ik werk en degenen die deze examens beoordelen zien nooit de naam of het geslacht van de student. Dus er is zelden een gelijke verdeling in het aantal mannen en vrouwen dat wordt toegelaten, en de verhouding man-vrouw verschilt per jaar. Zo moet dat gaan bij toelatingsexamens.

Dit is niet alleen van toepassing op universiteiten, want ook in het bedrijfsleven en daarbuiten wordt niet langer geaccepteerd dat er gediscrimineerd wordt op basis van het geslacht. Je geslacht heeft absoluut niets te maken met je vaardigheden.

Mannen en vrouwen verschillen op dezelfde manier waarop individuen van elkaar verschillen. Deze verschillen maken ons uniek. Ons geslacht moet niets te maken hebben met hoe we worden geëvalueerd. We moeten iedereen gewoon als een uniek persoon beschouwen.

74

ACADEMISCHE VERDIENSTEN ≠ WERKVERDIENSTEN

Het belangrijkste is dat je je talenten gebruikt

Je kunt niet succesvol zijn in de wereld op basis van slechts je studieresultaten.

Een van mijn gemeenteleden ging naar een middelbare school die leerlingen voorbereidde om naar de universiteit te gaan, maar hij besloot de wijde wereld in te trekken en een vak te gaan leren. In plaats van naar de universiteit te gaan, kreeg hij een baan bij een makelaarskantoor. Op dertigjarige leeftijd is hij nu succesvol en zelfstandig.

Een andere jongeman studeerde af aan een technische hogeschool en kreeg een baan bij een toonaangevende huizenbouwer waar hij alle afgestudeerde studenten in de organisatie voorbijstreefde en uiteindelijk de baas werd. Hij heeft het bedrijf succesvol uitgebreid. ‘Opleiding was geen doorslaggevende factor voor mij,’ zegt hij graag. ‘Mijn resultaten hebben altijd voor zich gesproken.’

Mensen dachten altijd dat je moest afstuderen aan een topuniversiteit en een baan moest vinden bij een beursgenoteerd bedrijf om succesvol te worden in het leven, maar die mythe is ontmaskerd. Ik denk dat dit een teken is van de maatschappij die zichzelf corrigeert. Het is nooit zo geweest dat je slechts met een glansrijke bul kon verwachten dat je moeiteloos door het leven zou zeilen.

Je kunt op elk moment een universiteitsdiploma halen. In plaats van te vertrouwen op je scholing als je de wereld intrekt, kun je altijd eerst jezelf bewijzen en je cv verbeteren door een vak te leren.

75

NEEM 'S NACHTS GEEN BESLISSINGEN

De ochtend is de beste tijd om belangrijke beslissingen te nemen

Nachtelijke vermoeidheid en duisternis beïnvloeden je beoordelingsvermogen negatief.

Hoe belangrijker een beslissing is, hoe belangrijker het is om deze niet te nemen als je lichamelijk en geestelijk uitgeput bent.

Als we moe zijn, hebben we de neiging om pessimistischer te zijn, en daardoor zijn we minder in staat om onze opties positief te bekijken.

Mensen hebben 's avonds ook minder zelfbeheersing, waardoor het moeilijk is om je emoties in de hand te houden en verstandige beslissingen te nemen.

Pas ervoor op om op deze momenten belangrijke emails te beantwoorden. Als je dit doet, kan dat grote problemen veroorzaken.

Het is normaal dat geestelijke en lichamelijke uitputting en de duisternis van de nacht ertoe leiden dat je wilt rusten. Zorg voor een goede nachtrust en laad je batterij weer op.

Neem liever geen beslissingen als je moe bent. Wacht tot het weer licht is en je verfrist bent en klaar om actie te ondernemen.

76

BLIJF IN JEZELF GELOVEN EN KLOP JEZELF NIET TE VEEL OP DE BORST

Vermijd het om jezelf een etiket op te plakken

Zie niet alles door een gekleurde bril.

Vooroordelen kunnen onze blik op een ander vertroebelen. Voordat je iemand voor het eerst ontmoet, doe je misschien te veel onderzoek naar diegene – helemaal als je iets negatiefs over die persoon hebt gehoord – en wat je vindt kan jouw beeld van die persoon versterken.

Dit kan ertoe leiden dat je diegene verkeerd beoordeelt, waardoor het moeilijk is om iemand te leren kennen.

Een zengezegde luidt: 'Zie niet alles door een gekleurde bril.' Je moet voorzichtig zijn met anderen te beoordelen op basis van vooroordelen die er over hen bestaan.

'Gekleurde brillen' zijn trouwens niet alleen van toepassing op andere mensen. Je kunt ze ook op hebben als je naar jezelf kijkt.

Als we onszelf beoordelen, kunnen we te toegeeflijk of te streng zijn. In beide gevallen vertroebelen we ons zicht op wie we echt zijn.

Wees niet te voorbarig met jezelf een etiket opplakken waardoor je zegt dat je zus of zo bent als persoon. Anders geef je jezelf te snel op, of klop je jezelf te veel op de borst.

77

BLIJF UIT DE BUURT VAN RAMPEN

Wees zelfs nog voorzichtiger als alles goed gaat

Daarin schuilt het gevaar.

De gouden standaard bepaalt de waarde van geld. Hoog opgestapelde, glimmende goudstaven verblinden letterlijk de ogen, maken ons blind voor al het andere.

Maar stel nu dat er achter al dat goud een val was gezet? Tien tegen één dat we erin zouden trappen.

Daarin schuilt het gevaar. Ons lijden zal enorm zijn, in welke vorm dan ook.

Dit is vaak het geval met mensen in het bedrijfsleven die steekpenningen aannemen, frauderen of anderen ertoe overhalen om geld te steken in iets waar ze enorm verlies door zullen lijden. Verblind door het geld verliezen mensen hun beoordelingsvermogen.

Let vooral heel goed op als het werk goed gaat. Er liggen vele verleidingen op je te wachten, en omdat je misschien minder op je hoede bent, word je daar vatbaarder voor.

Of het nu een omkoopregeling of oplichterij is, vaak zijn de vallen verborgen onder de belofte van grote sommen geld. Ik dring er bij je op aan om voorzichtig en verstandig te zijn.

78

DOE NIET AAN VLEIERIJ

Dat belemmert je succes

Kruiperigheid kan zelfs de beste verkopers ten val brengen.

Als je een verkoper bent en je kunt de sleutelfiguren in een bedrijfstak of bedrijf voor je winnen, heb je een veel betere kans om grote orders binnen te halen. Met dit in hun achterhoofd proberen veel verkopers in de gunst te komen bij topleidinggevenden. Dit kan zelfs zo ver gaan dat het onethisch wordt doordat er geld of copieuze diners worden aangeboden.

Als je dit soort dingen ziet gebeuren in je bedrijfstak, moet je je daar verre van houden. Zelfs als je een cliënt voor je wint en een contract weet binnen te halen, heb je de relatie met je cliënt gecompromitteerd. Zij hebben de macht om op elk willekeurig moment jou, de verkoper, in de steek te laten waardoor het onmogelijk is om een gelijkwaardige relatie te onderhouden.

Uiteraard kunnen er ook vervelende gevolgen zijn voor wangedrag.

Als je product werkelijk uitstekend is, hoef je niemand om te kopen of te vleien om diegene over te halen.

Kopers en verkopers moeten op gelijke voet staan. Zelfs de beste verkopers moeten voorzichtig zijn dat ze niet te zeer proberen bij anderen in het gevlei te komen.

79

WEES SELECTIEF IN JE KEUZES

Laat je niet beïnvloeden door de mening van anderen

De regel voor als het tijd is om een beslissing te nemen.

Soms is het nuttig om meningen van zo veel mogelijk mensen te verzamelen, want hoe meer ideeën je hebt, hoe breder je opties idealiter zijn.

Maar er is één groot probleem. Soms raak je bedolven onder een berg aan ideeën en dat kan onzekerheid en twijfel veroorzaken tot je een punt bereikt waarop je niet langer in staat bent om nog een beslissing te nemen.

Het wordt helemaal chaotisch als je aan ieders mening gelijk gewicht geeft. Als je ideeën van buitenaf wilt krijgen, moet je er slechts een beperkt aantal in overweging nemen zodat je niet verlamd raakt door besluiteloosheid.

Je kunt het best om ideeën vragen aan het begin van je besluitvorming. Als de tijd gekomen is om te beslissen, betrek er dan slechts een paar mensen bij die zeer veel kennis hebben over het onderwerp.

80

BESCHERM JEZELF TEGEN GEVECHTSMOEHEID

Overwin door boven het gekrakeel te staan

Er zijn momenten waarop het beter is om de ring te verlaten.

In onze ontzettend prestatiegerichte maatschappij lijkt iedereen in een hevige strijd te zijn verwikkeld, en dan heb ik het niet alleen over bedrijven die met elkaar concurreren. Zelfs kinderen studeren met een haast militaire discipline voor tentamens.

Het is normaal om te denken: 'Ik wil succesvol zijn in mijn werk', 'Ik wil het initiatief nemen en vooruitkomen in mijn baan', of: 'Ik wil gewaardeerd worden in mijn bedrijf en door de buitenwereld'.

Deze doelen zijn op zichzelf prima, maar de kans bestaat dat je te zeer gericht raakt op het winnen van de race. Als je jezelf te zeer onder druk zet, loop je het risico om een burn-out te krijgen doordat je geestelijk en lichamelijk uitgeput raakt.

Het kan zwaar zijn om te blijven vechten, helemaal als je concurrenten heel sterk zijn of de doelen die je hebt gesteld slecht haalbaar zijn. In de klassieker *De zesendertig oude Chinese krijgstactieken* staat dat je soms beter de aftocht kunt blazen.

Een andere manier waarop dit is samengevat is met het gezegde: 'Een verloren veldslag is nog geen verloren oorlog.'

Het kan wijzer zijn om je duelkracht te wijden aan het verbeteren van je vaardigheden zodat je meer op gelijke voet komt te staan met je concurrenten. Er zijn momenten waarop het belangrijk is om uit de ring te stappen en opnieuw energie op te doen – energie die je in de strijd hebt verloren.

81

GA BETER PLANNEN

Regels voor het aannemen van taken die mensen je vragen te doen

Voorkom dat je vaag bent over de hoeveelheid werk die je hebt of hoelang het zal duren.

Als je iemand om hulp vraagt bij een project, is het belangrijk om niet alleen duidelijk te zijn over de aard van de taak, maar ook over de hoeveelheid werk en de tijd die het kost.

Misschien kom je in de verleiding om hier vaag over te zijn, maar als je dit doet, kan dit moeilijkheden veroorzaken voor beide partijen.

Je zegt bijvoorbeeld iets als: ‘O, het is een eenvoudige klus. Ik weet zeker dat het maar twee uur duurt.’ Maar als het dan lastiger blijkt dan verwacht, kan het meer dan twee keer zo veel tijd kosten. De persoon die je om hulp vroeg stemde ermee in je twee uur te helpen, en nu is het project een enorme last geworden.

Ook de persoon die belooft te helpen moet aan jou duidelijk maken hoeveel hulp diegene bereid is te geven. Bijvoorbeeld door te zeggen: ‘Ik kan met jou tot drie uur hieraan werken, maar dan heb ik een afspraak. Misschien dat je nog meer mensen kunt vragen om te helpen zodat alles afkomt.’

Een taak goed doen vereist goede planning.

DEEL 5

ZIE NIET ALLES ZWART-WIT

Aanwijzingen voor een prettig leven

82

ER BESTAAT NIET ZOIETS IN HET LEVEN ALS GELUK OF ONGELUK

Neem alles zoals het komt

De sleutel tot kalm blijven ongeacht wat er gebeurt.

Wat wordt geboren, gaat uiteindelijk dood.

Wat begint, komt uiteindelijk ten einde.

Dit zijn universele waarheden.

Welke problemen zich ook voordoen, hoezeer we ook ergens mee worstelen, er is niets wat ontstaat dat nooit ophoudt te bestaan en er is niets wat begint en waar geen einde aan komt.

Op dezelfde manier blijft niets voor altijd bestaan, of het nu goed of slecht is.

Als je altijd deze eenvoudige waarheid van tijdelijkheid in je achterhoofd houdt, ben je minder vatbaar voor de hoogtepunten van vreugde als je succesvol bent en de dieptepunten van wanhoop als je mislukt. Zo vind je stabiliteit in je geest en je leven.

Er bestaat niet zoiets in het leven als geluk en ongeluk. Wat er ook gebeurt, je moet dingen nemen zoals ze zijn. Dan zul je altijd je kalmte bewaren.

Als er iets gebeurt wat je hart sneller doet kloppen, zeg dan zachtjes deze woorden tegen jezelf: 'Niets blijft hetzelfde, niets blijft hetzelfde, de wereld verandert altijd, aan alles komt uiteindelijk een eind.'

83

DINGEN ZIJN NIET VAN NATURE GOED OF SLECHT

Alles hangt af van je perspectief

Geniet van elke dag, wat de dag ook brengt.

In zen zien we dingen niet als zwart of wit.

Dus we maken bij alles wat gebeurt geen onderscheid tussen wat van nature goed of slecht is.

Het zengezegde 'Denk niet goed of slecht' leert ons dingen niet te zien in termen van goed of slecht. Het leert ons ook om een zwart-witte kijk op het leven te vermijden.

We worden eerder aangemoedigd om op de volgende wijze te denken: mijn ervaring is uniek voor dit moment. Er is niets goed of slecht aan. Alles kan positief zijn, afhankelijk van wat ik ervan maak.

Zelfs als je leven moeilijk, pijnlijk of verdrietig is, kun je vaak terugkijken op een ervaring en de waarde ervan zien.

Verzet je niet tegen wat er gebeurt.

Al onze ervaringen bieden een mogelijkheid tot groei.

Een ander zengezegde luidt: 'Geniet van elke dag.'

Als je volgens dit motto leeft, komt de droom dat elke dag prettig is binnen handbereik.

84

AL JE KEUZES ZIJN DE JUISTE

Wat belangrijk is, is dat jij er het beste van maakt

Wat je van je keuzes maakt is belangrijker dan de keuzes op zich.

Het leven bestaat uit dingen proberen. Elke keer denk je: moet ik dit doen? Of misschien moet ik dat doen? Ik weet niet wat ik moet kiezen! Maar hoezeer je ook wikt en weegt, het maakt bijna niets uit.

Want er is niet slechts één juist antwoord.

In *Alice in Wonderland* geeft de Cheshire-kat Alice advies dat vaak verkeerd geciteerd wordt: 'Als je niet weet waar je naartoe gaat, leidt elke weg je daarnaartoe.'

Dat wil zeggen dat het geen zin heeft om je zorgen te maken over wat de juiste keuze is. Als je uiteindelijk komt waar je moet zijn, ongeacht voor welke optie je koos, is het enige wat belangrijk is dat je het beste maakt van de keuze die je hebt gemaakt.

Als je eenmaal je besluiteloosheid achter je laat, zul je je zoveel prettiger voelen en je twijfels zullen verdwijnen. Het enige waarover je nog kunt nadenken is hoe je het beste vooruitgaat met wat je besloten hebt te doen. De resultaten volgen dan vanzelf.

85

BAN DE STEMMEN VAN ANDEREN UIT

Besteed geen aandacht aan hun minachting of de kritiek die ze na afloop leveren

Zo bescherm je jezelf tegen degenen die na afloop kritiek leveren.

In de profsport is het de verantwoordelijkheid van de coach of de manager om de lakens uit te delen. Tijdens de wedstrijd moet hij tegelijkertijd de bewegingen van het andere team in de gaten houden en een aantal beslissingen nemen voor zijn eigen team.

De uitdaging is dat er verschillende manieren van aanpak zijn, maar hij kan er slechts één kiezen. Als zijn manier niet werkt, zal hij spijt hebben en tot de conclusie komen dat hij iets anders had moeten doen. Maar zelfs als hij iets anders had gedaan, dan nog is er geen garantie dat dat beter zou hebben uitgepakt. Maar al te vaak komen we vast te zitten in het idee dat een andere aanpak de juiste zou zijn geweest.

Daarnaast heb je ook nog de analytici en fans die kritiek leveren op de coach door te zeggen dat dit of dat een verkeerde beslissing was. Maar dat zijn slechts de beste stuurlui die aan wal staan. Zij geven kritiek nadat iets gebeurd is en hebben het voordeel van wijsheid achteraf. Ik kan me amper de druk voorstellen waaronder coaches gebukt gaan.

Maar het heeft geen zin om je zorgen te maken over wat anderen zeggen. Zoals een bekende manager van een professioneel Japans honkbalteam vaak zegt: 'Het was de beste strategie voor die situatie.' Hetzelfde geldt voor het leven. Jij bent de baas over je eigen leven, dus als dingen niet zo lopen als je had gehoopt, hoef je dat niet als een mislukking te zien. Nu je het voordeel van wijsheid achteraf hebt, moet je gewoon dat wat je hebt geleerd gebruiken voor de volgende keer. Zie al je beslissingen als de beste strategie die je op dat moment tot je beschikking had.

86

SPIJT IS NIET MEER DAN EEN WAANVOORSTELLING

Je zorgen maken over de toekomst is dat ook

Vergeet het gewoon en laat het los!

Knaagt spijt over het verleden aan je? Of maak je je nog steeds zorgen om het verleden?

Of misschien pieker je over de toekomst en maak je je daar druk om?

Dat is allemaal zinloos en levert niets op.

Als je zorgen maken ervoor zorgde dat het verleden verdween of je ongerustheid over de toekomst verjaagde, zou het de moeite van je tijd waard zijn. Maar niets van dit alles doet dat.

Spijt over het verleden en ongerustheid over de toekomst zijn niet meer dan waanvoorstellingen. Het is absurd dat ze zwaar op je drukken en daardoor de manier waarop je functioneert verstoren.

Zen leert ons: 'Houd jezelf niet voor de gek.'

Het enige wat we kunnen doen is ons concentreren op wat op dit moment onze aandacht vraagt. Op deze manier kunnen we onze mislukkingen in mogelijkheden voor groei veranderen en voorkomen dat onze angsten bewaarheid worden. Als we ons in het heden onderdompelen, is er geen ruimte voor spijt of ongerustheid om onze gedachten te kwellen. Het is beter om actie te ondernemen en die nutteloze waanvoorstellingen te verjagen.

87

EEN MISLUKKING
IS WEINIG MEER DAN
EEN STRUIKELING

*Krabbel weer op
en maak het goed*

Mensen die veel voor elkaar krijgen ervaren ook een hoop mislukkingen.

Het is een illusie dat er mensen zijn die nooit mislukken. Of liever gezegd, de mensen die veel voor elkaar krijgen, mislukken ook vaak. Mislukking is een gegeven op je pad naar succes, dus je moet je daardoor niet laten ontmoedigen.

Lang geleden, in de samoeraicultuur, betekende mislukking dat je de opdracht kreeg om je buik open te snijden. Maar hoewel je tegenwoordig nog steeds de verantwoordelijkheid op je moet nemen voor een fout, is het ergste wat je kan overkomen dat je minder salaris, een demotie of ontslag krijgt. Het kost je niet je leven. Zie een mislukking als slechts een struikeling.

Wat de repercussies van je mislukking ook zijn, je moet bereid zijn om weer vanaf nul te beginnen. Als je eenmaal hebt bepaald waar je precies de fout inging, kun je weer opkrabbelen en opnieuw je best doen om zaken recht te zetten.

Je hebt slechts jezelf in deze wereld. Het maakt niet uit hoeveel verloren is door je mislukking, je kunt altijd teruggaan naar waar je begon. Vanaf dat punt zijn de mogelijkheden eindeloos. De kans van slagen is het grootst als je niets te verliezen hebt.

Als je eenmaal tegenslag hebt ervaren, herstel je het beste door alles te geven bij je volgende zet.

88

LANGZAAM MAAR ZEKER KOM JE ER WEL

Te zeer gericht zijn op het behalen van succes kan het tegenovergestelde effect hebben

Het gevaar van snellere manieren gebruiken.

Een reis van duizend kilometer begint met de eerste stap.

Rome is niet in één dag gebouwd.

Veel kleintjes maken één grote.

Leren door naar een mierenhoop te kijken.

Al deze uitdrukkingen laten zien dat je zelfs de allergrootste onderneming voor elkaar kunt krijgen door langzaam maar gestaag en ijverig naar je doel toe te werken.

Ook is het zo dat je niet kunt slagen zonder ergens tijd en moeite in te stoppen.

In onze concurrerende economie is er veel nadruk op het vinden van snellere manieren om iets te doen zodat het bedrijf gestroomlijnder en efficiënter wordt. Het is prima als deze manieren werken, maar vaak doen zich problemen voor en wat eigenlijk sneller had moeten gaan, blijkt opeens veel langer te duren.

Als je heel graag succesvol wilt zijn, herinner jezelf er dan aan dat je er langzaam maar zeker wel komt.

89

SPREEK JE DROMEN HARDOP UIT IN PLAATS VAN ZE SLECHTS TE KOESTEREN

De truc voor succesvol doelen stellen

Het belangrijkste is dat je altijd in de gaten houdt waar je gaat staan.

Het is belangrijk om dromen te hebben en doelen te stellen.

De omvang van onze dromen verschilt van persoon tot persoon. Maar er is één ding waarvan ik denk dat het voor iedereen geldt. Als je naar iets toewerkt wat voelt als een grote droom of een groot doel, is het beter om dat hardop uit te spreken in plaats van deze droom slechts in gedachten te koesteren.

Want als je droom of doel zeer ambitieus is, kun je bezwijken onder het gewicht ervan en het moeilijk vinden om vooruitgang te boeken. Dan kun je een gevoel van verslagenheid krijgen.

Maar stel nu dat je je droom of doel duidelijk kenbaar maakt, hem als een vlag ophijst aan een hoge mast en deze in de verte ergens neerplant?

Dan kan je droom of doel dienen als wegwijzer, waardoor je je lichter en sneller voelt en beter in staat bent om de droom of het doel te bereiken.

Maar zelfs als je je richt op je doel in de verte, is het belangrijk om goed op te passen waar je je voeten neerzet. Alleen zo ben je in staat om vol vertrouwen en met gemak de volgende beste stap te zetten.

90

NEEM EVEN PAUZE, VOORAL ALS JE HET DRUK HEBT

Zelfs als je daardoor alleen je gedachten de vrije loop kunt laten

Mensen die goed zijn in het nemen van een pauze presteren vaak op hoog niveau.

Sommige mensen zijn zo plichtsgetrouw dat ze zich schuldig voelen als ze vrijaf nemen. Denk aan diegenen die naar het werk komen zelfs als ze zich niet echt lekker voelen. In de eerste maanden van de coronapandemie moesten we worden aangespoord om thuis te blijven als we ons ook maar een heel klein beetje niet lekker voelden. Anders zouden velen van ons toch op het werk zijn verschenen, en onze plichtsgetrouwheid zou ons een echte reden hebben gegeven om ons schuldig te voelen.

Er valt hier een belangrijke les te leren over onze relatie met ons werk.

Als je een bepaald punt hebt bereikt, neem dan even een kleine pauze en kijk terug op wat je zojuist hebt bereikt.

Dit kan uiteraard herstellend werken, maar het kan ook productief zijn. Ik vergelijk het graag met het onverwachte voordeel van een tijdelijke stilte.

Je hoeft zelfs geen dag vrij te nemen. Geef jezelf gewoon een paar minuten tussen taken in om uit het raam te staren of het dak op te gaan en naar de lucht te kijken of naar beneden naar de wereld die daar ligt. Dat alleen is voldoende. Breng dit in de praktijk, vooral als je het druk hebt. Je zult de vruchten plukken van deze welverdiende pauze.

91

NIEMAND IS ‘NORMAAL’

Laat ‘zoveel mensen, zoveel meningen’ je sociale interacties leiden

Beheers de kunst van het empathisch communiceren.

Om de een of andere reden hebben we de neiging om te denken dat onze kijk op de wereld 'normaal' is. Als anderen de wereld anders zien, doen we hen af als abnormaal.

De uitspraak 'zoveel mensen, zoveel meningen' maakt duidelijk dat er niet zoiets bestaat als 'normaal'. Dus ik zal dit nogmaals zeggen: niemand denkt op precies dezelfde manier als jij.

Als je dit in gedachten houdt, kun je de volgende keer dat je een gesprek met iemand hebt die anders denkt dan jij ervoor zorgen dat je zijn ideeën niet verwerpt. Luister naar wat de ander te zeggen heeft. Ga op zoek naar iets waarvan je denkt dat je het daarover eens kunt zijn, en reageer dan bijvoorbeeld met: 'Ik heb hetzelfde gevoel over dit punt dat je maakt, maar mijn mening is een beetje anders en wel op deze manier...'

Communicatie wordt beter als je begint met empathie.

Onthoud dat verschillen normaal zijn, en dat niemand hetzelfde is als jij.

92

KIJK NIET NEER OP ANDEREN, ZELFS NIET ALS JE ZEGEVIERT

Vergelding is dichterbij dan je denkt

Het gevaar van wrok koesteren.

Strijd om rijkdom en middelen op geopolitieke schaal bestaat al sinds de Europeanen Azië, Zuid-Amerika en Afrika koloniseerden in het tijdperk van de ontdekkingsreizen.

In het zakenleven hebben veroveringen de vorm van fusies en overnames. Op individueel niveau ziet het eruit als pesterijen en intimidatie.

Ongeacht de omstandigheden zit de wereld zo in elkaar dat als de ene kant de andere verslaat, je er donder op kunt zeggen dat de vergelding ernstig is. Zelfs als we, vanwege de discussie, beweren dat conflict onvermijdelijk is, is het vernederend als de overwinnaar zijn cultuur en waarden aan de verliezer oplegt.

Bekijk het eens vanuit het gezichtspunt van de verliezer. Als je wordt ontdaan van je geliefde cultuur en waarden, dan ontstaat er wrok, denk je ook niet?

Onderwerping voedt een verlangen naar vergelding. Ik hoop dat je van dit hoofdstuk hebt geleerd wat je niet moet doen. In het volgende hoofdstuk heb ik het over wat je wél moet doen.

93

HAAL DE ANGEL UIT HET CONFLICT

Hoe je tegenstanders overhaalt om zich aan jouw kant te scharen

Leer van de overwinning van een beroemde leidinggevende.

In de zakenwereld is het belangrijkste doel van zakelijke partnerschappen of fusies en overnames om de zwakke punten van beide partners te ondersteunen en gezamenlijk de sterke punten en goede eigenschappen te verbeteren, met twee, drie of zelfs vijftig procent meer dan vóór de fusie.

Maar als de hiërarchie gaat meespelen worden zaken ingewikkeld. Er wordt vaak van het overgenomen bedrijf verwacht dat het zich overgeeft aan de cultuur van het bedrijf dat het kocht.

Dit komt geen van beide bedrijven ten goede. Omdat iedereen nu voor hetzelfde bedrijf werkt, is het passend om de beste punten van beide te integreren en elkaars zakelijke cultuur te respecteren.

Kazuo Inamori, de oprichter van het elektronicabedrijf Kyocera, overzag talloze fusies en overnames, waarbij bijna alle bedrijven wilden worden gered omdat ze op het punt stonden failliet te gaan. Kyocera hield open en eerlijke gesprekken met de medewerkers van de bedrijven die het overnam, kweekte een band met hen en zorgde ervoor dat iedereen zich achter een gezamenlijk doel schaarde.

Het is cruciaal dat je je rivalen niet beschouwt als vijanden. Besteed liever tijd aan het vinden van manieren om hen aan jouw kant te krijgen.

94

JE WINT NIEMAND
VOOR JE MET
ALLEEN LOGICA

Dreigen met je redenering gaat niet werken

In sommige gevallen leidt een logisch argument nergens toe.

Als je de ander wijst op de logische integriteit van je positie, zorgt dat er op bepaalde momenten alleen maar voor dat de persoon met wie je praat zich onprettig voelt.

Is dat jou ooit overkomen? Dat iemand met trots een bepaalde logica tentoonspreidde door te zeggen: 'Nou, dat is een goede opmerking, maar...' En daardoor kreeg je echt een hekel aan die persoon, of niet soms?

Waar lag dat aan?

Hoewel een logisch argument in theorie logisch is, houdt het meestal geen stand in onze rommelige, ingewikkelde echte wereld.

Dus je kunt beter stoppen met zwaaien met je logica alsof het een geheim wapen is. Logica wordt vaak afgewezen of afgekeurd.

'Ik begrijp dat het misschien moeilijk is om te zien wat dit met jou te maken heeft...' is een tactiek om het gesprek op weg te helpen terwijl je laat zien dat je het standpunt van de ander begrijpt. Dit maakt het gemakkelijker voor diegene om te zeggen hoe die zich echt voelt, zodat je daarna aan het vinden van een oplossing kunt werken.

95

WEES BEREID OM WAT TERREIN AF TE STAAN

Hoe ervaren debaters dat doen

Het totaal mislukken van een onderhandeling is het slechtste resultaat.

In een debat brengt ieder een bepaalde mening naar voren. Dit kan leiden tot een botsing van logica met logica.

Maar zoals ik in het vorige hoofdstuk zei is een logisch argument niet productief. Beide kanten zetten hun hakken in het zand en zijn niet bereid ook maar een centimeter toe te geven. Het gesprek mislukt als de tijd op is.

Er zijn situaties waarin het noodzakelijk is om vast te houden aan je mening, maar in de meeste gevallen kan er een compromis worden bereikt.

Het doel van elk debat of elke discussie is om iedereen de kans te geven zijn punt over te brengen zodat er een compromis of oplossing kan worden bereikt.

Zo geef je een centimeter toe:

'Ik geef me gewonnen op dat punt. Maar omdat dat een punt was waarover niet te onderhandelen viel, vraag ik om een tegenprestatie. Kunnen we ergens anders overeenstemming over bereiken?'

Jij maakt je standpunt duidelijk, terwijl de ander geen gezichtsverlies lijdt. Dit kan lastig zijn, maar het is de manier om behendig een debat te beslechten.

96

‘ALLES ONTSTAAT UIT HET NIETS’

Je kunt je geld niet met je mee het graf in nemen, zelfs geen cent

Als je geld gaat verdienen, doe het voor anderen, zodat ze er later gebruik van kunnen maken.

Het lijkt wel of hoe meer geld je verdient, hoe meer je wilt hebben. Dat geldt voor iedereen, en het betreft niet alleen geld; het is op alle wereldlijke verlangens van toepassing. Er is gewoon geen limiet. Veel mensen geloven dat als ze een hoop geld verdienen, ze dan alles krijgen wat ze willen. Wie is er gelukkiger dan iemand die alles bezit waarnaar hij verlangt?

Maar het lijkt nogal zinloos om al dat geld slechts voor jezelf te verdienen.

Want het maakt niet uit hoeveel geld je verdient in je leven, je kunt het niet met je meenemen. Er is een zengezegde dat dit beschrijft: 'Alles ontstaat uit het niets.' Het betekent dat we met niets anders worden geboren dan onszelf, en dat we met niets anders dan onszelf sterven.

Wat je verdient moet ten behoeve van toekomstige generaties zijn. Dit perspectief biedt een nieuwe formule voor een zinvol leven: geluk = het creëren van vreugde voor de mensen om je heen. Als er nog steeds een heleboel geld is als je sterft, kun je in je testament laten opnemen waaraan dat gegeven moet worden zodat een ander er wel bij vaart. Hierdoor zul je vrij zijn van de nutteloosheid van meer geld hebben dan je kunt opmaken.

97

VIND JE PERSOONLIJKE MISSIE IN JEZELF

Streef er dan naar om deze met alles wat je in je hebt te vervullen

Noodzakelijk voor elk seizoen van je leven.

We worden allemaal geboren met onze eigen voorbestemde missie.

Je ziet het misschien als de rol die je speelt in dit leven.

Weet je wat je missie is?

Je denkt misschien: ik heb geen flauw idee.

Maar het is prima als je dat niet weet.

Ik geloof namelijk dat het belangrijker is om door het leven te gaan en jezelf de vraag 'Wat is mijn missie?' te stellen, dan dat je precies weet wat je missie is.

Als je deze vraag aan jezelf stelt, ga je de rol die je speelt tijdens de seizoenen in je leven herkennen, en dan werk je zo hard als je kunt om deze te vervullen.

Dat waar je het hardst aan werkt – waardoor je in staat bent om jezelf te vergeven – is de missie waarvoor je bestemd bent.

98

LEEF VRIJ EN EENVOUDIG

Wees vriendelijk en nederig, en daardoor trouw aan jezelf

De zenleer van ‘zachtaardigheid’.

We willen allemaal een leven leiden waarin we trouw zijn aan onszelf. Er zijn twee dingen die je daarbij moet onthouden.

Het eerste is dat je hebt wat we in zen ‘zachtaardigheid’ noemen. Dit betekent in zekere zin dat je gedachten geen vaste vorm hebben, zoals een wolk. Het betekent dat je vrij en eenvoudig kunt reageren op mensen en omstandigheden zonder dat je de gedachte hebt dat dingen ‘op deze manier moeten gaan’ of ‘niet zo moeten gaan’.

Door deze vrijheid komt je ware ik naar voren.

Het tweede is nederigheid. Hiermee bedoel ik dat het belangrijk is om je vaardigheden en talenten te gebruiken om bij te dragen aan de maatschappij.

Als je jezelf dwingt om iets te doen wat je niet kunt of waar je niet goed in bent, denken anderen misschien dat je je plek niet kent. Het kan arrogant lijken, en je blijft er niet trouw aan jezelf door.

Als je je talenten met nederigheid inzet, komt je ware identiteit naar voren.

Zachtaardigheid en nederigheid stellen je in staat om het onmogelijke elegant los te laten. Als je deze eigenschappen gebruikt, helpt je dat om een leven te leiden waarin je trouw bent aan jezelf.

99

DOE JE BEST

En maak je niet druk
over de rest

De kern van de vraag: 'Hoe laat je dingen los?'

Waar je ook aan werkt, stort je er volledig op.

Stop al je energie erin. Houd je hoofd koel en maak je geen zorgen of je een goed resultaat bereikt of wat anderen denken.

Doe gewoon je best.

Doe wat je kunt, wat mogelijk is. Wat er na afloop gebeurt, is niet jouw probleem. Laat het los.

Dan kun je de rest aan het lot overlaten.

Alles doen wat je kunt, is waartoe je in staat bent. Het is niet aan jou om te bepalen wat het resultaat zal zijn. Als je eenmaal je best hebt gedaan, is er niets meer om je zorgen over te maken.

Er zit iets verfrissends aan je best doen en de rest loslaten. Stop met je zorgen maken over het resultaat of je reputatie. Dat verstoort alleen maar je concentratie en vertroebelt je gedachten.

Heb je genoten van dit boek?

Laat dan een review achter op de site
van de winkel waar je het gekocht hebt,
of op een lezerscommunity als Hebban.nl.
Dat helpt andere lezers dit boek ook te vinden.